U0139136

凝煉知識品味閱讀

身心障礙者教材教法

生活訓練

洪清一◎著

五南圖書出版公司 印行

序

於民國九十一年四月十六日自大陸來台灣表演之「弱智音樂家——舟舟」之父親胡厚培先生，在他所著的《舟舟告訴你－不夠聰明沒有關係》一本書中，曾指出：當許許多多家長正在為將兒女培養成哈佛男孩，還是康橋女孩而費盡心機的時候；當一些弱智的家長引經據典，極盡所能，試圖開發弱智兒童某些生命潛能的時候，我卻像一頭辛勤耕耘的老牛，實實在在，一點一滴地對舟舟實施最基本的生活技能訓練。他進一步指出，對一個弱智人來說，首要的不是開發他們某些所謂看不見的潛能，而是要儘早培養他們與正常人相比所不具有的那些看似微不足道，實質是至關重要的一些最基本的生活技能。這些技能獲取的多少、層次的高低，都將直接決定或影響弱智人今後的自理能力和生存能力。此一論述，已將生活自理技能對智能障礙的重要性與影響力，詮釋地已臻淋漓盡致與一語道破之境地。唯欲達成此一目標，端賴教師與父母是否能運用有效的和適性的教導策略。

職是之故，本書旨在探討智能障礙學童生活自理技能教導策略，以作為啟智教育工作者與父母教導訓練時之參考。本書分為五個部分，分別為緒論、生活自理技能之重要性、生活自理技能學習之階段、生活自理技能之教導策略包括模仿、行為塑造、行為串連、褪除法、提示法、試演，及結論。

本書係整理著者多年來講授「生活訓練」一科之相關資料，限於著者才疏學淺，難免諸多舛誤，敬請讀者、先進包涵指正，以匡不逮。撰寫期間，承蒙慈濟醫院職能治療師黃家俊，本系楊教授熾康、研究生許家瑋，本系謝靜如、賴鈺惠、柯依妏、陳容甄、蔡美琴等同學，以及本系資源教室陳輔導員瀞瑩，熱心協助並提供有關生活輔具訊息和資料，助益良多，際茲付梓之時，格外感激，謹此致意。

洪清一 謹識

國立花蓮教育大學特殊教育學系

2006.02.13

目 錄

緒論

生活自理技能（self-care skills）係指我們日常生活技能而言，包括居家和社區生活技能（domestic and community living skills），這些技能均為個體在家裡和社區生活中不可或缺的技能。換言之，若個體在家庭或社區中能夠有效的生活，這些日常生活技能均為重要，否則，個體難以滿足個體的基本生活需求，甚至，無法變成一個獨立自主的個體，成為家庭有用的成員，以及難以成為社區的貢獻者、生產者（洪清一，民91）。

就技能的程度而言，生活自理技能包括居家技能和社區生活技能之分。居家技能係用於家庭中之一切技能而言，包括自我協助活動，例如：穿衣、理容、如廁、飲食，以及處理家務等等；社區生活技能係指處理家庭以外之事務技能而言，例如：逛街、購物、外食、公共設施之使用等等，這些技能對智能障礙者而言甚為重要（洪清一，民91）。

一般而言，約二十四個月至三十六個月大的一般兒童，經過四十八個月的訓練後，即可習得如廁之技能。換言之，約三十六個月大的兒童，白天時，約有80%的兒童會自行如廁、排尿，不致有尿到褲子的現象；夜間時，四十八個月大兒童，約有80%的兒童不會尿床（Berk & Friman, 1990）。而智能障礙學童獨立性之如廁技能，較難以如期達成，以致不利於參與社會性活動，從事休閒活動，或學校生活。甚至，因未能習得如廁技能，致使智能障礙學童之身體遭受疾病感染、痢疾和肝炎等危險（Hadler & McFarland, 1986; Piclcering, Bartlett & Woodward, 1986）。鑑於此，習得實際的日常生活技能，以增加他們未來獨立生活的可能性，實是啟智教育的重要目標（王天苗，民79）。職是之故，本文主要目的在於探討智能障礙學童生活自理技能教導策略，以供教師和父母教導之參考。

貳

生活自理技能之重要性

一、就智能障礙的教育目標而言

二、就美國智能不足協會（The American Association on Mental Retardation）對智能障礙之定義而言

三、就布洛琳之生涯教育模式（Brolin's Career Education Model）而言

四、就智能障礙者本身而言

五、就培育智能障礙兒童的健全人格而言

六、就減輕家長或教保人員在養護工作上的沈重負荷而言

生活自理技能對一般學童而言，約在一歲半時即開始發展，象徵著欲擺脫父母的依賴而渴望獨立自主。然而，對智能障礙學童而言，生活自理技能亦為重要。唯由於智能障礙學童在智能、生理和行為上較比一般學童低落，致使其基本的生活自理技能之發展，亦較為遲緩或受限制。因此，生活自理技能對智能障礙學童是顯得非常重要。其次，生活自理技能對個人健康之維護和獨立之生活，亦很重要；甚至，為了提高個人的生活品質，建立積極、進取、樂觀和自信的人格，實有賴於個體是否具有良好的生活自理技能（洪清一，民 91）。

根據孫淑柔與王天苗（民 89）「國民教育階段身心障礙學生學習成果評鑑之研究」發現，國中啟智班畢業生在處理自己的財務上較感困難，而且，國中啟智班畢業生較少參與社區活動。因此，教導智能障礙者習得最基本的生活自理技能，不僅日後智能障礙者在特教及教養機構內的衣食住行可逐漸自行照顧，回到家或是進入一般社會後亦可自理生活；進一步又可以接受簡易的職業技能訓練，實現殘而不廢的特教理念（陳榮華，民 82）。因此，有關生活自理技能對智能障礙者之重要性，茲就智能障礙的教育目標、定義、生涯教育模式及智能障礙者本身與其父母等方面，列舉如下（洪清一，民 91）：

一 就智能障礙的教育目標而言

㈠郭為藩（91）指出，智能障礙之教育目標

1. 養成生活的自理能力。
2. 語言能力的發展。
3. 知動協調的訓練。

4.增強團體生活的能力。
5.學習生活基本知能。
6.準備將來的職業生活和謀生能力之培養。

㈡何華國（88）指出，輕度、中度及重度智能障礙者之教育目標及課程重點

1.職業適應能力、社會適應能力和個人適應能力。
2.培養生活自理技能。
3.培養在家庭與鄰里的社會適應能力。
4.發展在家庭或庇護性環境中，從事經濟活動的能力。
5.加強基本的生活技能。

㈢ Patton, Beirne-Smith 與 Payne（1990）指出，輕度、中度及重度智能障礙者課程設計之重點

1.生理發展

包括注視、轉頭、移動身體等能力。

2.社會技能

包括眼神接觸、碰觸他人、動作和口語模仿，以及微笑等。

3.生活自理

包括自理技能、家庭生活技能以及理容儀表等技能教育。

*4.*溝通技能

包括姿勢、手勢或簡單符號之運用。

*5.*發展職業準備及職業技能

包括良好的待人接物之態度、良好的合作和工作態度，以及非技術性工作技能的培訓。

㈣ Wolery 和 Haring（1990）指出，中度、重度及極重度智能障礙者訓練及教育重點（引自陳榮華，民 91）

*1.*家庭生活技能（domestic skills）

包括自理技能（如廁、穿、吃）、家事技能（準備膳食、洗衣、清洗），以及參與社區生活所需要的技能等。

*2.*溝通技能（communication skills）

包括接收訊息和表達訊息之技能。

*3.*社區生活技能（community living skills）

包括交通與使用社區公共設施之技能。

*4.*娛樂與休閒技能（recreation and leisure skills）

包括各種休閒活動時間之安排，及參與社區娛樂活動的技能。

5.職業技能（vocational skills）

包括從事簡單工作的技能，以及維持其職業的知能與習慣。

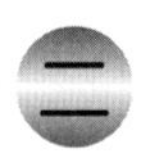 就美國智能不足協會（The American Association on Mental Retardation）對智能障礙之定義而言

智能障礙係指個體此時此刻之功能有明顯的障礙。其主要的特徵包括智力功能顯著低下，並在應用性適應技能領域中伴隨著兩種或以上之障礙，此等技能包括如下（Kirk, Gallagher & Anastasiow, 1997）：

㈠溝通（communication）

包括說話、書寫、手語，及面部表達。

㈡自我照顧（self-care）

包括如廁、飲食、穿衣、衛生和理容。

㈢居家生活（home-living）

包括整理衣物、處理家務、食物準備及居家安全。

㈣社會

包括打開話題與結束交談、瞭解他人感覺。

㈤社區生活（community use）

旅遊、購物、公共設施之使用。

㈥自我教導（self-direction）

做決定、遵守時間、工作主動與積極、獨立完成工作。

㈦健康和安全（health and safety）

飲食衛生、疾病的處理與預防、急救、性知識和基本安全觀念。

㈧功能性學業（functional academic）

個人生活上實用性和應用性技能，如書寫、閱讀、基本的功能性數學概念、物理環境之認識及個人健康和性知識。

㈨休閒（leisure）

如自我娛樂。

㈩職業（work）

特殊職業技能、良好的社會行為及其他職業技能。

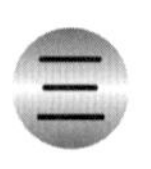

就布洛琳之生涯教育模式（Brolin's Career Education Model）而言

教育內容包括如下（洪清一，民91；Hallahan & Kauffman, 1988）：

㈠日常生活技能（daily living skills）

1. 處理家庭財務。
2. 維護家裡設備與物品。
3. 養育孩童與家庭生活。
4. 購物與料理食物。
5. 購買與修補衣物。
6. 參加公民活動。
7. 從事休閒與娛樂。
8. 閒逛與散步。

㈡個人社會技能（personal social skills）

1. 建立自覺能力。
2. 建立自信。

3. 培養負責任之行為。
4. 維持良好的人際關係。
5. 獨立自主。
6. 善做決定與解決問題。
7. 善於溝通。

(三)職業輔導與準備

1. 瞭解並探詢職業機會。
2. 做好職業決定。
3. 建立良好的工作行為。
4. 表現良好的工作技能。
5. 學習特殊薪資之職業技能。
6. 尋求固定且滿意的職業。

四 就智能障礙者本身而言

生活自理技能之重要性如下（洪清一，民 91；Cipani & Spooner, 1994）：

(一)促使智能障礙者變成獨立自主的個體

因為居家和社區生活技能是個體日常生活中最迫切需要的技能，如果個體缺乏這些技能時，則勢必依賴他人才能生活。

例如：一位年齡已十三歲的小明，如果無法獨立的選擇自己平常所喜歡穿衣的款式時，他就必須順著母親的選擇或喜好來選擇。

㈡促使個體具有較多的選擇

當個體具有良好的生活自理技能時，相對地，個體則有更好且更多的選擇權和更寬廣的自主權。

例如：當一個人能夠料理、購物或點餐時，他（她）自然而然的能夠選擇自己喜歡的食物。

㈢一旦個體具有較好的居家和社區生活能力時，父母或家人的負擔則相對地減低。

五 就培育智能障礙兒童的健全人格而言

蔡阿鶴（民 79）指出，智能障礙兒童大多適應不良，各項發展顯著的低於同年齡兒童的發展常模，且常有適應不良行為表現。由於智能障礙兒童道德認知的拙劣、自我抑制的無能、情緒的不穩定等，容易導致行為問題的外在表徵，但父母教養態度的不當，或外在環境不良刺激的引誘，卻有可能加速問題的惡化。為培育智能障礙兒童的健全人格，除了從環境的整備著手外，尚需自幼訓練其生活自理技能，培養良好的基本生活習慣，為其塑造人格發展的完美雛型，奠定人生入世的穩固基礎。生活自理技能與基本生活習慣的培養是培育健全人格的起點工作。凡智能障礙兒童能力所及者，父母或家人絕不可代其勞，過度的保護與溺愛，反而容易養成其遊手好閒，懶散依賴的惡習，有礙人格的健全發展，且徒增社會生活適應上的困難。智能障礙者的自立是啟智教育所追求的目標，也是父母最大的心願。

 就減輕家長或教保人員在養護工作上的沈重負荷而言

父母眼中的兒女永遠是個孩子，尤其智能障礙孩子是真正永遠長不大的孩子。唯合理的親情與正當的教養態度，是促進孩子智能發展的催化劑。智能障礙孩子能否生活自理，除本身智能障礙程度極嚴重者外，只要父母能有健康的心態，面對現實，以「愛的教育」力量，妥善運用生活自理訓練技巧，扶其偏差、補其缺陷、助其生長、導其發展、輔其學習，其殘存的有限能力，必可獲得最大限度的發展。日常生活能夠自理，養成良好的基本生活習慣，則智能障礙者不但能享有較為健康的生活，且做父母的或教養機構的保育人員，也將得以減輕長期養護的工作負擔，善用其精力從事其他更有意義的工作（蔡阿鶴，民 79）。

由以上可知，不論從智能障礙者之教育目標、定義、生涯教育模式及智能障礙者本身、人格發展與其父母之職責等方面，均強調生活自理技能是智能障礙者教育之首要目標，亦是人格教育與生涯教育的基石。一旦智能障礙者習得良好的生活自理技能，不僅可以減低父母之負荷，進而變成一個獨立自主且具有較多選擇權之個體，以及成為社會的造福者與生產者（洪清一，民 91）。

智能障礙者生活教育課程模式

一、前言

二、智能障礙者生活教育課程模式

前言

本部分主要探討智能障礙者生活教育課程模式，包括社區－本位課程（community-based curriculum）、活動－本位課程（activities-based curriculum）、工作分析課程模式（task analysis curriculum model）、功能性課程模式（functional curriculum model）、發展性課程模式（development curriculum model）、行為課程模式（behavioral curriculum model）、生活技能課程模式（life skills curriculum model）及生計中心生計教育（life-centered career education, LCCE）等。

生活教育包括居家和社區生活技能（domestic and community living skills），係指我們日常生活技能而言，這些技能均為個體在家裡和社區生活中不可或缺的技能。就技能的程度而言，生活技能包括居家技能和社區生活技能之分。居家技能係用於家庭中之一切技能而言，包括自我協助活動，例如：穿衣、理容、如廁、飲食，以及處理家務等等；社區生活技能係指處理家庭以外之事務技能而言，例如：逛街、購物、外食、公共設施之使用等等。換言之，若個體在家庭或社區中能夠有效的生活，這些日常生活技能均為重要，否則，個體難以滿足個體的基本生活需求，甚至，無法變成一個獨立自主的個體，成為家庭有用的成員，以及難以成為社區的貢獻者、生產者（洪清一，民 91）。本文分別就智能障礙者不同之生活教育課程模式，分述如下，作為教師或家長規劃與設計時之參考。

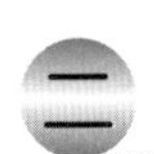

智能障礙者生活教育課程模式

㈠社區一本位課程

1.社區一本位課程架構

社區一本位課程（community-based curriculum）是由 Falvey（1989）所設計的課程，主要是針對重度障礙者發展出來的課程。該課程包括七項技能領域：社區、居家、休閒、職業、動作、溝通，以及功能性學業。居家領域包括自我照顧（self-help）和社會一性技能（social-sexsual skills）。有關居家生活技能的範圍和順序如表 3-1。

表 3-1 社區一本位課程架構

個人健康衛生	家庭生活	家庭經營	社交關係	社會性
身體清潔	洗衣	日常生活之規則	家庭	自覺／自尊
衛生	穿著	時間安排	社區鄰里	健康與衛生
安全	清理家庭	金錢處理	友誼	自我保護
健康	飲食技能	生活用品		人際關係
營養	家務維持	空間規劃		
情緒	庭院清潔與維護	統整		
情緒與心理	家庭設備及使用與維護	選擇		
健康				

資料來源：*Curriculum and instructional - Approaches for persons with severe disabilities* (p.172), Cipani & Spooner, 1994, New York: Allyn and Bacon.

2.社區－本位課程之定義

社區－本位課程（community-referenced curriculum）是指將社區內之各種人、事、物及活動作為編選課程之依據。課程內容取自於社區裡之資源並在社區環境內進行教學。換言之，社區－本位課程在一個統合的環境下進行（陳靜江，民85）。課程設計著重於幫助學生發展出目前與未來參與不同社區環境所需的重要知識與技能。基本上，社區－本位課程是以生活技能領域取代學科領域內容，強調真實情境的教學，使障礙者和正常人有統合的機會（洪清一，民86）。

3.社區－本位課程之基本理念

有關社區－本位課程之基本理念有以下幾點（Ford, Schnoor, Meyer, Davrn, Black & Dempsey, 1989, p.3）：

⑴每一位學生，不論是重度障礙學生，都有能力在社區裡生活、工作，以及休閒。

⑵學校應該為學生日常生活的活動作準備，甚至，將有關社區生活各項活動，直接作為教學之內容，俾利學生培養主動參與活動之能力。

⑶社會統合是適性教育重要的要素，要成為學校生活一部分，社區生活是重要之步驟。

⑷家庭與學校之合作是促成教育方案成功之要素。

⑸實施個別化教學，教學必須顧及學生之學習特性、生理年齡、學生的起點行為和父母之教育程度。

⑹教育目標是互助合作與部分參與，不應將學生從活動中予以排除，因為學生無法獨自完成任何活動。

⑺在各種不同情境中建構學習，意義化的教學不限於社會情境中。

4.社區生活之領域和順序

社區生活之領域包括自我管理和家庭生活、職業、娛樂和休閒與一般社區生活等，其次要項目如下（Falvey, 1989; Ford et al., 1989）：

⑴自我管理和家庭生活

①飲食之準備。

②理容和著衣。

③衛生和如廁。

④安全和健康。

⑤協助和照料他人。

⑥理財和生計。

⑦處理家務。

⑧戶外生活。

⑵職業

①處理教室和學校的工作及社區工作經驗。

②在附近工作。

③在社區工作。

④娛樂和休閒。

⑤學校和課外活動。

⑥在家裡或在家附近從事娛樂和休閒。

⑦在社區進行娛樂和休閒。

⑧體適能活動。

⑶一般社區生活

①旅遊。

②社區安全。

③購物。

④外食。

⑤善用服務設施。

5.社區－本位課程之原則

有關社區－本位課程之原則如下（洪清一，民86；黃金源，民82；Falvey, 1989）：

(1)統合

讓殘障人士特別是重度殘障者參與社區生活，並與一般人融合在一起。

(2)與生理年齡相當

即學習的東西要配合生理年齡。為了達到統合的目的，學習的東西也是同年齡非障礙者學習的東西。

(3)部分參與原則

社區一本位課程教學的原則是部分參與，包含了修正與支持。

①零推論。

②不可在模擬環境下教學，一定要在自然環境教學。

③要有生態效度，亦即所學的東西在他將來的生活能派上用場。

④特定作業，在特定場所做特定工作。

⑤功能原則：係指若無學習到的工作，則必須有人幫他做的工作。

6.課程安排之順序

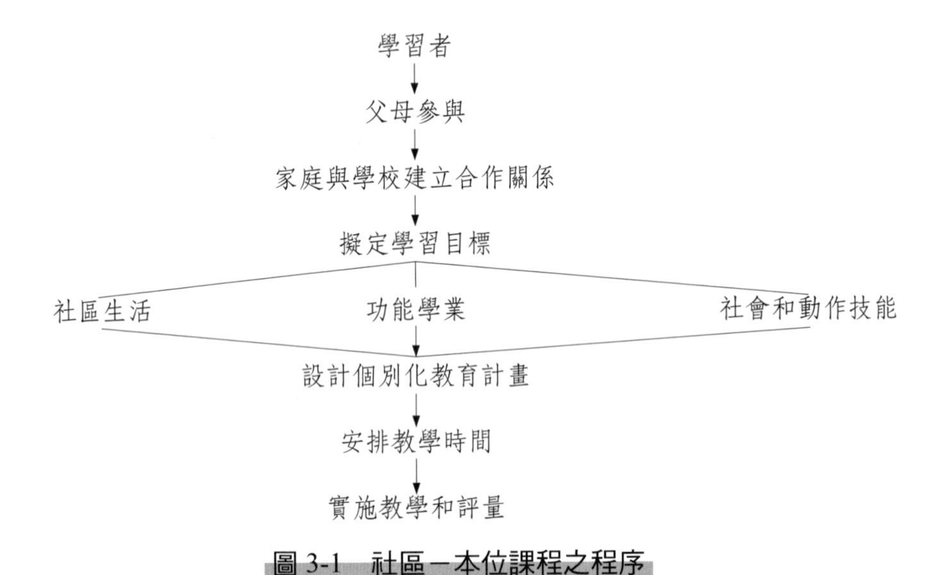

圖 3-1 社區－本位課程之程序

資料來源：*The syracuse community-referenced curriculum guide*(p.10), Ford, Schnoor, Meyer, Davrn, Black & Dempsey, 1989, Baltimore, Maryland: Paul H. Brookes Publishing Co.

7.社區－本位課程之優點

綜合上述，社區－本位課程之優點有下列幾點：

(1)課程結構完整，內容多元、豐富。

(2)視每位學生均具有可能性。

(3)強調情境、功能性、零推論與統合。

(4)重視學校與家庭之結合，視家庭與學校為夥伴關係。

㈡活動－本位課程

活動－本位課程（activities-based curriculum），又稱替代性課程（alternative curriculum），是用來協助父母、教師、協助者，以及障礙者會商討論訓練的各項事宜。主要的目的，在於提供設計課程和教導家庭之方法。課程的主要內容包括休閒、自我管理和工作三大領域。休閒包括運動、球賽、影片欣賞、雕刻活動等；自我管理包括生活自理、食物料理、空間規劃、隸屬、經商或貿易；工作或職業包括導遊、零件分類等（Wilcon & Bellamy, 1987）。就以居家生活之用餐活動為例，主要的活動如表 3-2 所示。

表 3-2　活動－本位課程

項目	準備用餐
活動項目	1. 選擇食譜或目錄
	2. 準備用具和食料
	3. 食用
	4. 清洗用具
	5. 整理東西

由此可知，活動－本位課程是替代性或另類之課程形式，有助於學習者之實際需求與學習興趣；另外，活動－本位課程強調活動、動態性和操作性，以及情境；課程著重功能性和實用性。

㈢工作分析課程模式

1. 工作分析法的意義

所謂工作分析法，乃是應用系統分析的原理原則，對於所要學習的技能加以分析，以便受教者學習的一種方法。任何一種技能都是由若干次要技能所組成。就教師而言，對兒童所要學習的技能或工作，做系統的分析，以便於教學，它可以提供教材的邏輯順序便於兒童吸收。其中常用之工作分析法為範圍序列法，是將終點行為視為主要工作，然後分析達到主要工作之各種次要工作，此次要工作之複雜度應是僅次於主要工作者。然後再將次要工作視為主要工作，依前列方式加以分析，如此繼續不斷分析下去，直到該次要工作已成為學習者的起點行為為止，如圖 3-2 所示。

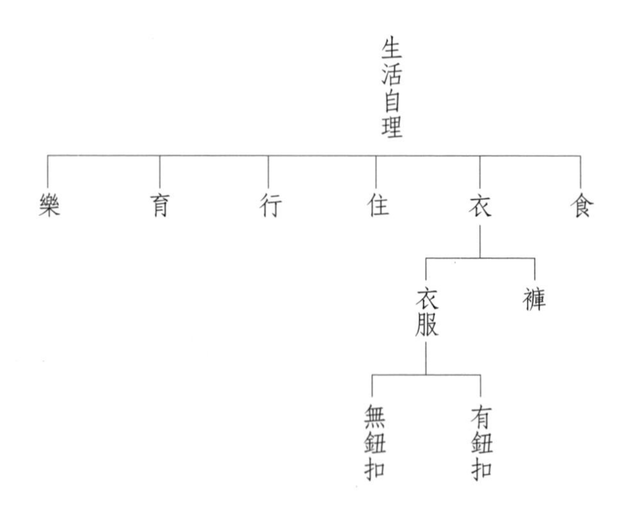

圖 3-2　範圍序列法

資料來源：特殊教育課程與教材手冊（頁 3），洪清一，民 86，花蓮：國立花蓮師範學院特教中心。

2.工作分析法的作用

有關工作分析法的作用有下列幾點（洪清一，民 90）：

⑴工作分析法在智能障礙教學設計及教材編選中居重要地位。它可以幫助教師對學生所要學習的工作加以分析，以便利學生學習。同時可以瞭解學生的學習行為進程，較能控制學習的各種因素。

⑵工作分析法在課程編製方面的重要性：工作分析法雖非課程編製之全部內容，但卻是課程發展的關鍵步驟。因為身為特殊兒童教師，必須隨時因學生的不同程度與不同的需求，設計適當的課程、編選適當的教材，以從事個別化之教學工作。

⑶工作分析法在師資訓練上也有相當的用途，諸如課程編製、教材編選、教具的使用等都可藉助於工作分析法，尤其實施能力本位師資訓練的學校，對能力之分析，可採取工作分析法，以決定各種基本能力，故工作分析法在教育上的用途頗大。

3.工作分析課程之優點

⑴將所要學習的技能或工作，做系統的分析，以便於教學；並可以提供教材的邏輯順序，便於兒童吸收。

⑵課程之設計與安排由具體至抽象、由簡單至複雜的順序排列之，可促使學習者獲致成就感。

⑶可協助教師或父母易於編製課程、編選教材和教具。

㈣功能性課程模式（functional curriculum model）

1. 功能性課程意義

功能性課程是以牽就特殊兒童障礙類別、程度、年齡，區分其較弱處做為課程規劃的主要依據，將各種學習之概念帶到日常生活中，強調實用學科教學，即所謂功能性課程模式（邱上真，民 85）。強調功能性技能和適合目前兒童之行為，如基本的互動性行為、日常生活技能（穿衣、飲食）、居家生活技能、學校生活技能和社區生活技能。換言之，功能性課程重視日常生活活動，較不重視學業性活動或發展順序性之能力（Gargiulo & Kilgo, 2000; Strain, McConnel, Carta, Fowler, Neisworth & Wolery, 1992）。

其次，功能性課程強調在自然情境和社區環境所需要的功能性和適齡性技能（chronologically age-appropriate skills），學習這些技能的目的在於使學童在各種不同的情境中能夠獨立起來。而這些技能亦是一般學童所要學習的技能，因此，當智能障礙學童習得了這些技能之後，則有助於其有效的或成功的融合於自然環境之中（Gargiulo & Kilgo, 2000）。

2. 功能性課程設計原則

有關功能性課程設計原則如下（洪清一，民 86）：

⑴課程組織依據生活技能領域（居家的、社區的、職業的、休閒的、實用語文、實用數學），而非學科技能領域。

⑵以實用為原則。

⑶需同時考慮學生的心理年齡（難度）及生理年齡。

⑷教學與評量結合。

⑸重視真實情境的教學。

⑹重視小組教學。

⑺有機會與正常人接觸。

3.功能性課程之優點

由上述之分析，功能性課程之優點如下（Gargiulo & Kilgo, 2000）：

⑴功能性和適齡性：一旦智能障礙學童學習表現這些技能，會促使學童在各種不同的情境更能獨立。

⑵當智能障礙學童學習這些日常性之工作或技能，會增加障礙學童有效地融合於自然環境之機會。

⑶運用工作分析可促使個別化。基本上，特教教材可以根據學習者的獨特能力和需求，細分成若干明確且具體的步驟。

㈤發展性課程模式

發展性課程模式（development curriculum model）是根據一般兒童發展理論來設計課程。此課程之技能順序包括（Gargiulo & Kilgo, 2000）：

身體發展：粗大動作、精細動作。

適應發展：自我照顧、日常生活技能。

社會發展、溝通和語言發展：接受性和表達性語言。

以上技能均為兒童發展和成熟之基礎，而運用此相同之技能順序教導智能障礙學童，可以協助智能障礙學童克服發展遲緩或障礙之現象。

發展性課程主要是以兒童的心理發展為主，因此，課程大致分為語言、感官知覺、社會／情緒、認知、生活自理和粗大動作等領域。該模式之課程是依各領域的發展重點，到分成若干發展階段，再做其發展先後順序到分若干發展項目或數學目標（教育部，民84）。例如：以語言發展領域為例，各發展階段的課程內容如下：

第一個月：對鈴聲有反應。

第六個月：眼睛會注視聲音來源。

第八個月：會轉向音源。

由此可知，當教育訓練的目的著重在一般兒童之各發展階段技能的獲得正常發展，則有關課程的設定與提供，將強調學習經驗之獲取，如此，才能使特殊兒童的能力接近其實際年齡的發展程度。至於資優兒童自然可順著其發展程度加快學習，學習比其同齡同學更深、更廣的教材。因此，採用「發展」理念的學者認為特殊兒童不論是資優或殘障，仍可按照正常兒童的學習發展程度來安排課程發展。

至於，在實際教學上，均依照兒童之心理年齡的成熟度來施教，而較不考慮其實際年齡。因此，有關「發展治療課程」之設計，實際上依據的是一般孩童正常發展的情形，組織其應有的學習經驗；而教學時，則降低其實際年齡之發展的學習程度。其次，發展性課程模式並未參照自然環境和此環境對智能障礙者之期望；同時，亦未將個別差異和家庭的喜愛加以考慮之（Gargiulo & Kilgo, 2000）。

基於上述之分析，發展性課程之優點主要是以兒童的心理發展為主，著重在一般兒童之各發展階段技能的獲得正常發展，以協助智能障礙學童克服發展遲緩或障礙之現象。

㈥行爲課程模式

行為課程模式（behavioral curriculum model）是一種教學模式，是根據行為論之學習原理。認為兒童的學習動機是受外在因素所引起的，兒童的發展與學習是由於環境所產生的。行為課程模式強調活動且讓兒童參與在此環境中，同時，所需要的技能是能以有效的方法來參與此項活動。換言之，行為課程模式強調適應和促使個體獨立自主之技能。

鑑於此，行為課程模式強調提示法（prompting）、行為塑造（shaping）及增強來促進兒童習得技能。在教學過程中，藉由資料之蒐集來監控學生學習的表現，教師根據學生之表現，修正或調整教學活動（Gargiulo & Kilgo, 2000）。

基於此，行為課程模式之優點強調教學方法與策略；同時，行為課程模式強調活動且讓兒童參與在此環境中。

㈦生活技能課程模式

生活技能課程模式（life skills curriculum model）包含三個領域，即功能性學業（functional academic）、日常和社區生活技能（daily and community living skills）、轉銜（transtition）。至於，有關生活技能課程之類別及課程內容如表 3-3 所示（Bigge, Stump, 1999; Wehman, 1996）。

由此可知，生活技能課程之優點有下列幾項：

1. 領域及課程內容多元與豐富。

2. 能明確規劃各個不同學習階段之課程，可使教師和家長便於選擇與教學。

3. 著重功能性和實用性之課程，以及情境教學。

表 3-3　生活技能課程領域與課程內容

年段	居家生活	社區生活	休閒	職業
小學	收拾玩具 洗碗筷 整理床舖 穿衣 理容 飲食 如廁 整理衣物 吸塵	到餐館飲食 住宿 洗衣 搭公車 購物 辨識交通號誌 旅遊 參加社區宴會	盪鞦韆 跑步 打球 騎腳踏車 打電動 體操 地板運動	分類金屬品 整理玩具 清潔房間 收拾餐具 接電話 倒垃圾 傳遞訊息
國中	洗衣服 準備食物 清理房間 做點心 修整花草 列舉購物名稱 吸塵房間	安全穿越道路 購物 購買食品 搭乘交通運輸工具 參加童軍活動 參加宴會	打球 與同學玩紙牌 參加有氧運動 踢足球 游泳 編織 工藝製作 騎車	打蠟 清潔玻璃 割草 收拾衣物 清理機器
高中	清理廁所 規劃預算 煮飯 操作冷暖氣 修整庭院花草 修整衣物	搭乘大眾運輸工具 存（提）款 購物 到餐館用餐 就醫	慢跑 射箭 看棒球 打牌 播放錄影帶 游泳 旅遊 園藝	公寓管理員 公司管理員 球場管理員 運載食物 影印 收帳

(八)生活中心生計教育模式

生活中心生計教育（life-centered career education, LCCE）是 Brolin

& Kokaska（1978）的生活中心生計教育模式（LCCE）；Clark（1979）的學校本位模式（school-based model），及 Larson（1981）的經驗本位模式（experience-based model），三者皆為配合障礙者的個別需求而發展的（Brolin, 1983）。有關生活中心生計教育之目的及課程內容如下：

1. 生活中心生計教育目的

有關生活中心生計教育目的如下（Chasteen, Gregory, Martin, Maze & Whistance, 1987；林竹芳，民 78）：

⑴使障礙者成為更能獨立自主的成人。

⑵提供學生工作世界及獨立生活的實際概念。

⑶透過有計畫的經驗，將學科學習及生計試探互相結合。

⑷協助學生更瞭解他們的性向、技能及興趣。

⑸為了使生計試探成功的轉移至生計準備階段，在學校生計教育中心儘早介紹職業。

⑹選擇並開始計畫可能的職業取向。

⑺準備讓學生成為負責任的公民，能夠參與社區中之事務。

⑻將生活中心生計教育加入整個教育過程，可使生計教育結合在不同的領域中。

⑼促使社區對於障礙者生計需求之自覺，並且發展以社區為主之生計試探及訓練經驗。

⑽工作的積極態度及價值的培養。

⑾教導障礙學生能獨立生活於社會中，以發展自我價值和自尊。

⑿教導老師、行政者，以及其他資源人員將生活中心生計教育課程與一般課程相結合。

⒀父母參與子女的教育經驗，在實施生活中心生計教育之課程上是很重要的。

⒁促進社區中各機構之合作。

2.生活中心生計教育對智能障礙的重要性

教育的目的是在幫助學生發揮最大的潛能，使其成為一位樂觀進取且具生產力的公民。在啟智學校課程綱要總綱中的第一條明確指出，啟智教育的教學目標為：「……其目標在提供適合其能力之教育，充實生活知能，發揮健全人格，增進身體健康，實施職業陶冶與職業訓練，培育社會適應能力，以逐漸養成自立自主的國民。」（教育部，民77）。雖然特殊教育專家、學者及教師們都能瞭解教育的目的及教學目標，但多數的學校仍無法提供智能障礙者日後生活適應及充分就業的技能。而生活中心生計教育正是強調工作技能的習得與有效生活的運用，並朝著教育目標的達成而勇往邁進（Brolin & Gysbers, 1979）。因此，生活中心生計教育對智能障礙者而言，是極具重要性的。

3.生活中心生計教育課程內容

LCCE 課程是一種能力本位的模式，重視過程而非內容的教育。這種能力本位的過程模式，在發展個人從事有效生活所需的重要技能，而視知識與資料的獲得為次要。此一課程特別重視基本學科技能、日常生活技能、個人－社會及職業技能的獲得，教育的實施端賴學校、家庭與社區的密切配合，乃構成了生活中心生計教育能力本位的課程模式，如表 3-4（Brolin & Kakaska, 1985；何華國，民 71）。然而LCCE課程內容雖分成⑴日常生活技能；⑵個人－社會技能；⑶職業輔導與準備；⑷基本學科技能等四個領域，但學科技能係在支持其他三方面技能的發展（Brolin, 1989；何華國，民 71）。因此，LCCE 課程著重於前三個領域之探討，此三個領域之下包含二十二項主要能力項目，二十二項主要能力項目之下又細分出九十七個分項能力，其關係見表 3-4。

表 3-4 生活中心生計教育課程

課程領域	能力項目	能力分項						
日常生活技能	1. 處理個人財務的能力	1. 數錢與正確找錢	2. 依收支情形有效運用	3. 記錄基本的財務支出	4. 計算稅金及付稅	5. 以負責的態度使用信用貸款	6. 使用銀行服務措施	
	2. 選擇及處理居家事宜的能力	7. 維護家庭內外	8. 使用常見的器具及工具	9. 選擇適當的住家	10. 處理家事	11. 維護庭院和社區整潔		
	3. 照顧個人需要的能力	12. 具備身體保健常識（包括營養、體重）	13. 表現適當的儀容與衛生習慣	14. 適當的穿著	15. 一般疾病之預防與治療的知識	16. 實地演練個人的安全措施		
	4. 養育子女及面對婚姻責任的能力	17. 教養子女（生理的照顧）	18. 教養子女（心理的照顧）	19. 諒解婚姻的責任				
	5. 購買、準備及消費食物的能力	20. 購買食物	21. 清理食物準備區	22. 儲存食物	23. 準備三餐	24. 適當的飲食習慣	25. 計畫均衡的三餐	
	6. 購買及處理衣物的能力	26. 洗滌衣物	27. 購買衣物	28. 燙、補與存放衣物				
	7. 表現公民責任的能力	29. 瞭解國民的權利與義務	30. 瞭解地方與中央政府的體制	31. 具備法律常識及服從法律	32. 瞭解公民的權利與義務			
	8. 使用娛樂設施及從事休閒活動的能力	33. 善用社區內可資利用的資源	34. 選擇與計畫活動	35. 瞭解娛樂的價值	36. 從事團體及個人活動	37. 安排假期		
	9. 在社區內活動的能力	38. 知道交通規則和安全措施	39. 認識並使用交通工具	40. 認識社區內的道路	41. 駕駛機車			
	10. 做到認識自己的能力	42. 瞭解身心需求	43. 瞭解興趣與能力	44. 瞭解情緒	45. 瞭解自己的生理			
	11. 獲得自信心的能力	46. 表明自己的重要性	47. 描述他人對自己的看法	48. 接受並給予讚美	49. 接受並給予批評	50. 發展自信心		

個人社會技能	12.做到負責行為的能力	51.具備尊重他人權力與財產的觀念	52.瞭解權威並服從指示	53.在公共場合表現適當的行為	54.瞭解重要的行為特質	55.認識自己的角色		
	13.維持良好人際關係技能的能力	56.表現傾聽與應對的技巧	57.建立並維持親密關係	58.瞭解交友之道				
	14.學會獨立的能力	59.為自我實現而努力	60.明瞭自我管理與自求進步	61.瞭解個人行為對他人的影響				
	15.下決心的能力	62.瞭解可得協助之處並利用	63.預料行動之後果	64.發展並評估問題的各種可能性	65.瞭解問題的本質	66.發展目標導向的行為能力		
	16.溝通的能力	67.認清緊急狀況並處理之	68.以瞭解的態度與人溝通	69.瞭解溝通的微妙				
職業輔導與準備	17.認識職業機會的能力	70.認識工作的報酬	71.明白社區的就業及職業訓練機會	72.認識職業對個人的價值	73.認識職業對社會的價值	74.會把工作劃分為若干職業類別	75.探究社區的就業及職業訓練機會	
	18.選擇就業機會的能力	76.實際選擇職業	77.認識工作的必要條件	78.明白主要的職業性向	79.明白主要的職業興趣	80.明瞭主要的職業需求		
	19.養成良好習慣的能力	81.遵從指示	82.瞭解勤勉與守時的重要性	83.認識接受督導的重要性	84.具備競爭標準的知識	85.與他人共事	86.符合工作品質的能力	87.有合格的工作速率
	20.求職與就業能力	88.尋找工作	89.求職申請	90.求職面談	91.維持畢業後的職業適應	92.具備競爭標準的知識	93.知道如何適應工作的改變	
	21.具備靈活操作能力	94.良好的精力與耐力	95.良好的平衡與協調作用	96.良好的雙手靈巧	97.良好的感官辨別作用			
	22.具備專門行業的能力		無特定分項能力，視所教的工作技巧而定					

資料來源：國中輕度智能不足學生個人—社會技能學習效果及相關因素之研究，（頁42）李瑩香，民78，國立彰化師範大學特殊教育研究所碩士論文。

⑴日常生活技能

大部分的障礙學生都有潛力成為獨立或半獨立的公民，並且有能力掌管家庭財務及處理家事，他們也能夠結婚及組織家庭。然而，多數的障礙者卻沒有高的收入，並且缺乏處理日常生活的常識，故日常生活技能的學習實有其必要性，應教其持家及開源節流之道，學習如何養兒育女、安排休閒時間及如何成為良好公民……等，以順應生活之所需（Brolin, 1989）。本領域共有九大能力項目，分別為：

①處理個人財務。

②選擇及處理居家事宜。

③照顧個人需求。

④養育子女及面對婚姻責任。

⑤購買、準備及消費食物。

⑥購買。

⑦表現公民責任。

⑧使用娛樂設施及從事休閒活動。

⑨在社區內活動。

⑵個人－社會技能

發展障礙學生的獨立性、自信心、適應社會的能力，及培養其人際關係的維持是相當重要的，障礙者習得此技能後，則易融入社會，過著滿意的社區生活（Brolin, 1987a）。本領域共有七大能力項目，由二十八個分項能力所構成，其七大能力項目分別為：

①認識自己。

②自信心。

③負責的行為。

④人際關係技能。

⑤學會獨立。

⑥下決定。

⑦溝通。

⑶職業輔導與準備技能

障礙者常無法獲得就業市場的潛能，因而從事非技能性、低報酬性的工作，導致其成為收支難以平衡的工作者。假若要有效地發揮個人的潛能，則必須對工作的需求有所體認，故可透過教育的功能，使其對工作做適當的選擇與判斷。因此，早期的教育可啟蒙其職業知覺的領域，如工作評鑑、工作適應、職業教育與訓練、職業試做（job tryouts）、工作安置和追蹤等（Brolin & Kokaska, 1985）。本領域共有六大能力項目，由二十八個分項能力所組成，其六大能力項目分別為：

①認識職業機會。

②選擇就業途徑。

③養成良好的工作習慣。

④求職與就業。

⑤具備靈活操作的能力。

⑥具備專門行業的能力。

綜觀上述可知，生活中心生計教育課程內容之優點在於二十二種主要的能力項目，皆是智能不足者所必須具備的技能。在許多調查研究中均指出，智能不足者職業適應的成敗，職業技能並非關鍵，有關日常生活、自我調適與人際關係等方面的技能，常為適應良窳的重要因素（何華國，民 71）。若沒有生活自理與社會適應能力為基礎，僅著重於職業技能的學習，仍無法確保職業適應上的成功發展。故若能運用兼顧日常生活技能、個人－社會技能及職業技能的 LCCE 生計教育課程，必能使學生朝向有效生活的理想目標邁進。〔本文原載於國立花蓮師範學院身心障礙與輔助科技研究所師生學術研討會論文集（頁 10-25），民 93，

(1)日常生活技能

花蓮：國立花蓮師範學院身心障礙與輔助科技研究所〕。

㈨國民教育階段啓智學校（班）課程

生活教育領域（科）課程目標包括（教育部，民 86）：

1. 訓練感官知覺與動作的統整發展，增進概念形成和知能應用。

2. 發展粗大及精細動作技能，以奠定各項學習的根基。

3. 培養健康的知識、技能與態度，養成良好的生活習慣，奠定身心健康的基礎。

4. 實踐生活規範，建立正確倫理觀，營造和諧快樂的生活。

5. 認識生活環境中的危險情境，培養自我安全與維護的能力。

至於，生活教育領域（科）之次領域、綱要、項目之內容如圖 3-3 所示（教育部，民 84；教育部，民 86）。

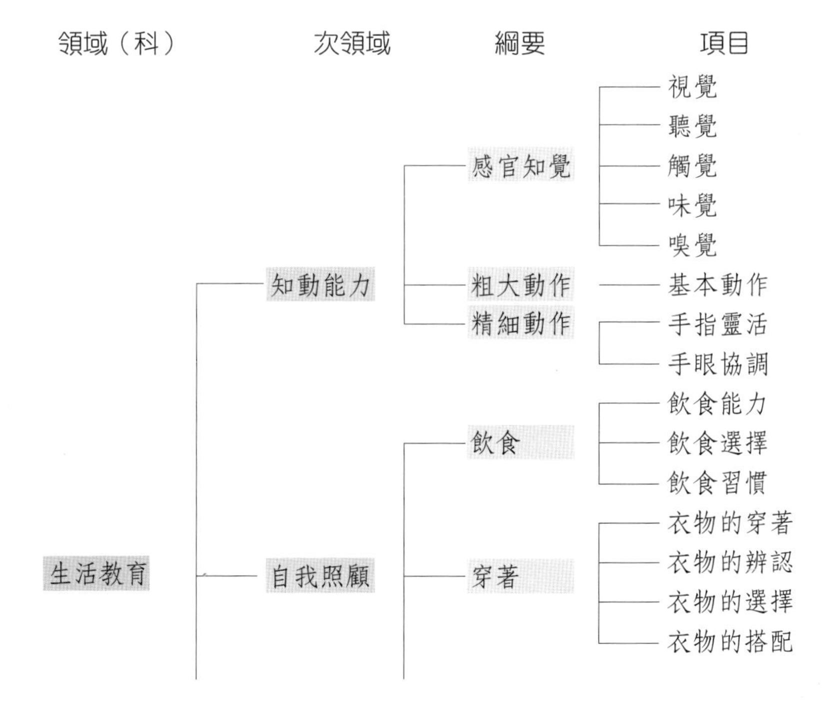

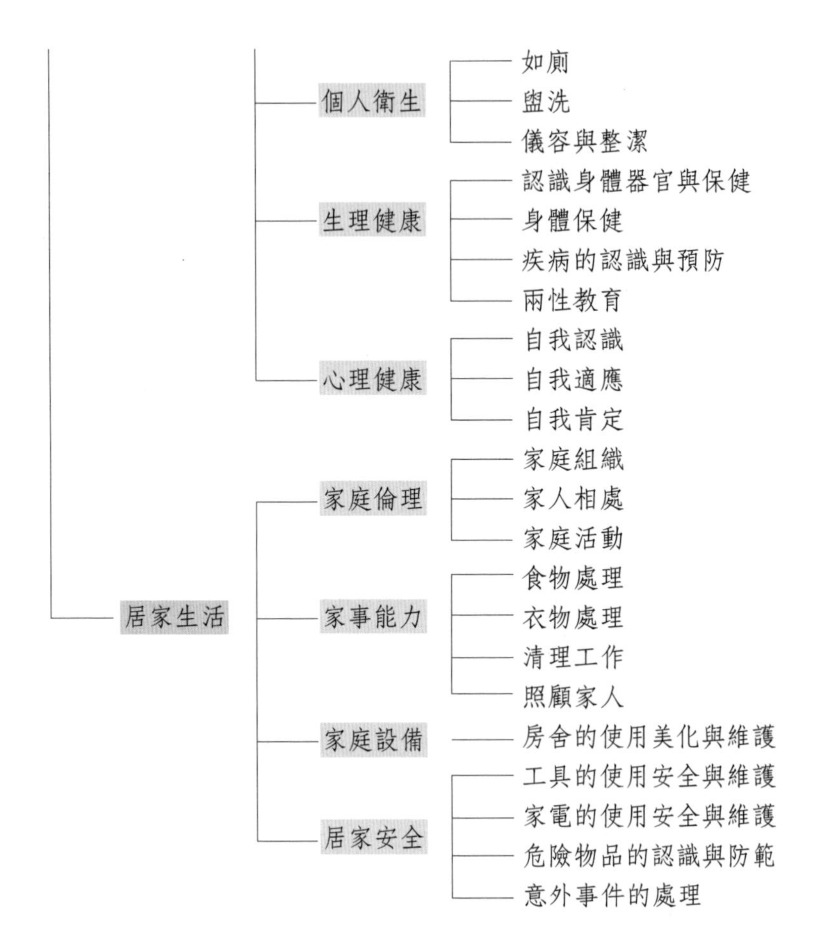

圖 3-3　生活教育領域架構

生活教育領域（科）下之次領域、綱目、項目、細目及教學目標如表 3-5～表 3-16 所示（王文科，民 73；台灣省立台南啟智學校，民 80；何華國，民 73；林寶貴、吳純純、許澤銘、張勝成編譯，民 78；洪清一，民 86；萬明美編譯，民 73；雙溪啟智文教基金會，民 74）。

表 3-5 次領域：一、知動能力　綱目：（一）感官知覺

項目	細目	教學目標
視覺	視覺敏銳	1 能促使收訊敏銳 1-1 能觀察某物品之圖片三秒後，從另三個反應圖中指出。 2 能以視覺觀察事物 2-1 注視戶外，能描述所看見的東西數種。 2-2 注視室內景物，能描述所看見的東西數種。 2-3 注視圖片，能描述所看見的東西數種。 2-4 能說出室內、外的活動情形。
	視覺辨識	1 能辨別實物間的差異 1-1 能說出所提供的兩個相異實物是不同的。 1-2 能說出所提供的兩個相同實物是相同的。 1-3 能從多種實物中找出與提示相同的物體。 1-4 能將實物分類。 2 能辨別具象圖形的差異 2-1 能說出所提供相同圖形是相同的。 2-2 能說出所提供相異圖形是不同的。 2-3 能從多張圖片中，找出與提示圖片相同者。 2-4 能將圖片分類。 3 能辨認幾何圖形、物體 3-1 能說出球體是圓的。 3-2 能說出方木塊是方形的。 3-3 能說出三角錐是三角形的。 3-4 能說出兩個幾何圖形物體相同或不同之處。 4 能辨認常見的顏色 4-1 能辨認基本的三原色。 4-2 能找出與提示相同的顏色、物體。 4-3 能從一群色卡中做分類。 4-4 能辨識其他顏色。
	視覺記憶	1 能立即回憶所見過的事物 1-1 能看過佈告欄後，描述其中內容三種以上。 1-2 閃示一種以上常見實物後，能於一堆實物中選出所指的閃示物。 1-3 能於看完圖片後，說出其中的內容至少二種以上。

		1-4 能看完文字符號閃示卡後，說出其內容。 1-5 能在教室座位上閉上眼睛，並說出周圍的物體。 2 能於相隔一段時間回憶所見過的事物 2-1 能描述早餐食物至少兩種以上。 2-2 能說出老師昨天穿什麼顏色的服裝。 2-3 能於郊遊活動後，說出看過哪些東西。 2-4 能看完十張圖片後，隔一分鐘說出其中三張的內容。 3 能回憶所看過的動作 3-1 能回憶模仿教師排列實物的順序。 3-2 能回憶模仿教師所示範的動作。 3-3 能回憶模仿教師所書寫的文字、圖畫。
	視覺序列	1 能依序說出所見物體的名稱、內容 1-1 能依序說出教師所閃示的顏色卡。 1-2 能依序說出教師所閃示的文字、符號卡。 1-3 能依序說出郊遊活動所見的物體。 2 能依序模仿動作 2-1 能依序模仿教師所示範的動作。
	視覺的形象背景區分	1 能具體的區分活動 1-1 能自一堆實物中依指示拿出物品。 1-2 能在綠色地毯上把積木找出。 1-3 能在綠色地毯上把綠色紙片找出。 2 能描交叉線 2-1 能將一粗一細的交叉線，用筆描出較粗的線。 2-2 能將二條交叉線分別用不同色筆描出。 2-3 能將圖形中多條相互交叉的曲線與直線，分別用不同色筆描出。 3 能找出隱藏的圖形 3-1 能找出方格紙內所繪的動物。 3-2 能將隱藏的圖形用筆描出輪廓。 3-3 能在隱藏的圖形中指出相同的圖形。 3-4 能在同一張紙上分別用不同色筆描出多種隱藏圖形。 4 能描出重疊的圖形 4-1 能將重疊的三角形、圓形、方形，以不同色筆描出。 4-2 能將重疊的樹葉、枝、幹圖形，分別用色筆描出。

	視覺動作空間形式的處理	1 能分辨幾何圖形形體 1-1 能辨認球體。 1-2 能辨認立方體。 1-3 能辨認圓柱體。 1-4 能辨認圓錐體。 1-5 能辨認三角柱。 1-6 能辨認三角錐。 2 能排列組合積木 2-1 能任意排列積木。 2-2 能按大小排列積木。 2-3 能模仿堆積積木。 2-4 能看圖堆積積木。 2-5 能自行組合堆積積木造型。 3 能用黏土塑造形狀 3-1 能將黏土塑造成扁平形。 3-2 能將黏土塑造成長條形。 3-3 能將黏土塑造成圓形。 3-4 能將黏土塑造成圓柱形。 3-5 能將黏土塑造成阿拉伯數字。 3-6 能將黏土模仿塑造簡易作品。 3-7 能自行創作。
聽覺	聽覺敏銳	1 聽到聲音時能做簡單反應 1-1 聽到放置耳邊之手錶的滴答聲時能舉手示意。 1-2 聽到鬧鐘聲能舉手示意。 1-3 聽到喊自己的名字時能舉手示意。 2 能分辨聲音來源 2-1 能指出聲響來自前方。 2-2 能指出聲響來自後方。 2-3 能指出聲響來自左方。 2-4 能指出聲響來自右方。 3 能分辨聲音的響度 3-1 能分辨出兩個聲音的響度大小。
	聽覺辨識	1 能辨認各種常聽的聲響 1-1 能辨認火車的聲音。

		1-2 能辨認狗叫的聲音。 1-3 能辨認汽車喇叭的聲音。 1-4 能辨認貓叫的聲音。 1-5 能辨認打鼓的聲音。 1-6 能辨認鋼琴的聲音。 1-7 能辨認哨子的聲音。 2 能聽指示做動作 2-1 能回答問題。 2-2 能依指示做動作。 2-3 能模仿聲音操作。 3 能區別聲音的強弱方向 3-1 能指出女高音和男低音的差別。 3-2 能分辨四拍子為長音、二拍子為短音。 3-3 能區辨聲音的來源方向。
	聽覺記憶	1 能重複敘述字詞、句子、故事 1-1 能跟著說「同學」。 1-2 能跟著說「謝謝」。 1-3 能跟著說「客人好」。 1-4 能跟著說「老師再見」。 1-5 能跟著說「老師再見，明天見」。 2 能重複敘述節奏 2-1 會跟著數「一、二、三、四」四拍子的節奏。 2-2 會跟著數四拍子的節奏，並配上拍手的動作。 3 能回憶常聽聲音的事物名稱 3-1 能仔細聽完「交通工具聲響」之後說出聲音名稱。 3-2 能仔細聽完「動物叫聲」之後說出聲音名稱。 3-3 能仔細聽完「樂器聲」之後說出聲音名稱。
	聽覺序列	1 能順序背出數目、字句、文章 1-1 能順背五個數字以上的句子。 1-2 能順背二至三個數字的數目。 1-3 能順背四至六個數字以上的數目。 1-4 能順背八個數字以內的句子。 1-5 能順背三至四個複句。 1-6 能背詩歌、短文。

		2 能倒背數目、字句、文章 2-1 能倒背五個數字以上的句子。 2-2 能倒背二至三個數字的數目。 2-3 能倒背四至六個數字以上的數目。 2-4 能倒背八個數字以內的句子。 3 能依口語指示完成動作 3-1 能完成二個以上口語指示的動作。 3-2 能完成四個以上口語指示的動作。
	聽覺的形象背景區分	1 能具體的區分聲音活動 1-1 能自二種聲音中依指示說出名稱。 1-2 能從多種聲音中找出哨子的聲音。 1-3 能從多種節奏中找出二拍子的節奏。 2 能找出隱藏的聲音 2-1 能找出隱藏的鈸聲並用鈸打出。 2-2 能找出隱藏的鼓聲並用大鼓打出。 2-3 能找出隱藏的鐵琴聲並用鐵琴打出。
觸覺	觸覺敏銳	1 能以觸覺探索周圍事物 1-1 碰到熱水會馬上反應。 1-2 碰到冰塊會馬上反應。 1-3 碰到柔軟的物品能表示舒服的樣子。 1-4 碰到粗硬的物品能表示不舒服的樣子。 1-5 身體溼溼的被電觸麻時會縮回。 1-6 身體被針刺到時會縮回。
	觸覺辨識	1 能辨識常見物品的形狀、大小 1-1 能依指示找出圓形的球。 1-2 能依指示找出正方形的積木。 1-3 能依指示找出三角形的積木。 1-4 能依指示找出長方形的積木。 1-5 能依指示找出大小不一的球。 2 能正確辨認物品的溫度和粗細 2-1 能觸摸到冰塊時說是冰的。 2-2 能觸摸到火時說是熱的。 2-3 能觸摸到自來水時說是冷的。

		2-4 能觸摸到燒開的水壺時說是燙的。 2-5 能觸摸到砂紙時說是粗的。 2-6 能觸摸到棉花時說是軟的。
	觸覺記憶	1 能記住物體特性 1-1 能說出冰塊是冷的。 1-2 看到火能說是熱的。 1-3 看到石頭能說是硬的。 1-4 看到棉花能說是軟的。 1-5 看到砂紙能說是粗的。
	觸覺序列	1 能依序說出所觸摸物體的名稱、特性 1-1 能依序說出所觸摸硬、粗的物體名稱。 1-2 能依序說出所觸摸各種物體的特性和名稱。
味覺	味覺敏銳	1 能辨認出味道的不同 1-1 能辨認出醋是酸的。 1-2 能辨認出糖是甜的。 1-3 能辨認出藥是苦的。 1-4 能辨認出辣椒是辣的。 1-5 能辨認出鹽是鹹的。 2 能辨認出味道的濃淡 2-1 能辨認出微甜和甜。 2-2 能辨認出微苦和苦。 2-3 能辨認出微酸和酸。 2-4 能辨認出微辣和辣。 2-5 能辨認出微鹹和鹹。
	味覺辨識	1 能辨識食物是甜的 1-1 吃砂糖時能說出是甜的。 1-2 喝甘蔗汁時能說出是甜的。 1-3 吃西瓜時能說出是甜的。 2 能辨識食物是鹹的 2-1 喝食鹽水時能說出是鹹的。 2-2 沾醬油時能說出是鹹的。 3 能辨識食物是酸的 3-1 喝醋時能說出是酸的。

		3-2 喝酸梅汁時能說出是酸的。 4 能辨識食物是辣的 4-1 吃到沙茶醬時能說出是辣的。 4-2 吃到辣椒時能說出是辣的。 5 能辨識食物是苦的 5-1 吃藥時能說出是苦的。 5-2 吃到苦瓜時能說出是苦的。
	味覺記憶	1 能記住常吃食物的味道 1-1 看到西瓜時能說出是甜的。 1-2 看到醬油時能說出是鹹的。 1-3 看到醋時能說出是酸的。 1-4 看到辣椒時能說出是辣的。 1-5 看到苦瓜時能說出是苦的。
嗅覺	嗅覺敏銳	1 聞到氣味時能表示出感覺 1-1 聞到好氣味時能表示舒服的樣子。 1-2 聞到不好氣味時能表示不舒服的樣子。 2 能辨別出氣味的濃淡 2-1 能辨別出相同氣味濃淡程度之不同。
	嗅覺辨識	1 能認識各種常聞的氣味 1-1 聞到香水時能說出是香的。 1-2 聞到酒時能說出是酒味。 1-3 能認識燒焦味。 1-4 聞到氨水時能說出是臭的。 1-5 能認識瓦斯味。 2 能認識食物未烹調過的味道 2-1 能認識魚腥味。 2-2 能認識肉的生味。 3 能辨別氣味的不同 3-1 能找出與提示相同的氣味。 3-2 能將不同氣味的物品分開。
	嗅覺記憶	1 能記住常見物品的氣味 1-1 看到香水時能說出是香味。 1-2 看到氨水時能說出是臭味。

表 3-6　次領域：一、知動能力　　綱目：（二）粗大動作

<table>
<tr><th>項目</th><th>細目</th><th>教學目標</th></tr>
<tr><td rowspan="4">基本動作</td><td>頭、頸的穩定</td><td>1 頭與頸的控制
1-1 頭能向左右轉動。
1-2 坐時或站時能保持頭部抬起狀。
1-3 俯臥時能抬起頭來。</td></tr>
<tr><td>翻滾</td><td>1 能左右翻身滾動
1-1 能由仰臥翻身為側臥。
1-2 能由側臥翻身為俯臥。
1-3 能由俯臥翻身為側臥。
1-4 能由仰臥翻身為俯臥。
1-5 能由俯臥翻身為仰臥。
1-6 能由仰臥翻身為仰臥。
1-7 能連續翻身。</td></tr>
<tr><td>坐姿的穩定</td><td>1 能正確維持坐姿並保持穩定
1-1 坐時背部能緊貼椅子。
1-2 坐時能手腕支撐上半身。
1-3 能不需扶持坐立於椅子上。
1-4 能不需扶持坐立於地板上。
2 坐姿時身體能靈活運動
2-1 坐時軀幹能自由活動。
2-2 坐時頭部能自由活動。
2-3 坐時四肢能自由活動。</td></tr>
<tr><td>爬行移動</td><td>1 能使用上肢及膝部移動
1-1 能兩膝跪下，雙手放平爬行。
1-2 能同、異側手腳同時移動爬行。
1-3 能腹部著地匍匐向前爬行。
2 能靈活應用爬行的技巧
2-1 能在柔軟的沙地上爬行。
2-2 能在光滑的地板上爬行。
2-3 能在傾斜的坡度地面上爬行。
2-4 能在四十公分以下的高度匍匐爬行。</td></tr>
</table>

	站立	1 能拉著站起來 1-1 能由坐姿轉變成站姿。 1-2 能由爬行姿勢轉變成站姿。 1-3 能由跪姿轉變成站姿。 2 能正確保持站姿並保持穩定 2-1 能抓住固定物獨自站立。 2-2 能倚靠協助身體而站立。 2-3 能無協助而獨立站起。 2-4 站立時能雙腳併攏。 2-5 站立時能手臂貼緊身體。 2-6 站立時能頭向正前方看。 2-7 站立時能身體挺直。 3 站立時身體能靈活運動 3-1 站立時頭部能自由活動。 3-2 站立時軀幹能自由轉動。 3-3 站立時四肢能自由活動。 3-4 站立時能用單腳站立。
	行走	1 能藉扶持而行走 1-1 能使用固定物支撐獨立行走。 1-2 能使用輔助器獨自行走。 1-3 能藉助他人從前方扶持行走。 1-4 能藉助他人從側面扶持行走。 1-5 能無協助單獨行走。 2 能正確維持走姿並保持穩定 2-1 能雙腳交替行走。 2-2 能兩手擺動行走。 2-3 身體能抬頭挺胸行走。
	上、下樓梯	1 能正確的上、下樓梯並保持穩定 1-1 能藉扶手的支撐慢慢的上、下樓梯。 1-2 能在人的支撐下慢慢的上、下樓梯。 1-3 能在無協助下獨自慢慢用同一腳上、下樓梯。 1-4 能在協助下雙腳交替上、下樓梯。 1-5 能在無協助下雙腳交替上、下樓梯。

	跑步	1 能正確的跑步並保持穩定 1-1 能雙手握拳前後交叉擺動。 1-2 能於原地雙腳交替把膝蓋舉高。 1-3 能將重心放在腳尖上慢跑。 1-4 能沿著直線跑且不跌倒。 2 能靈活運用各種跑步技巧 2-1 能沿著圓圈慢跑。 2-2 能沿著直線慢跑。 2-3 能把重心向前移沿著坡面向上跑。 2-4 能把重心向後移沿著坡面向下跑。 2-5 遇到障礙物能不停頓且改變方向繼續跑。
	跳躍	1 能正確的跳躍並保持穩定 1-1 能雙腳併攏、膝蓋彎曲，同時跳離地面。 1-2 能雙腳同時著地。 1-3 能原地學兔子跳。 1-4 能學兔子跳離原地。 2 能靈活運用各種跳躍技巧 2-1 能用單腳跳躍。 2-2 能左右腳交替跳躍。 2-3 能在擺動的跳繩中跳躍。 2-4 能雙手握繩擺動跳繩。
	投、接	1 能正確的投擲並維持穩定 1-1 能以低手的姿勢投擲物體。 1-2 能以過肩的姿勢投擲物體。 1-3 能以過頭的姿勢投擲物體。 2 能正確的接住物體 2-1 能以雙手接住投來的小球。 2-2 能以單手接住投來的小球。 2-3 能接住落地後再彈回來的球。
	踢	1 能正確的踢球並維持穩定 1-1 能原地踢靜止的球。 1-2 能原地踢滾動的球。 1-3 能跨一步以優勢腳踢靜止的球。 1-4 能跨一步以優勢腳踢滾動的球。

表 3-7 次領域：一、知動能力 綱目：（三）精細動作

項目	細目	教學目標
手指靈活	基本抓放	1 能正確的抓放物體 1-1 能把手掌撐開和握緊。 1-2 能雙手朝物品伸出並抓起。 1-3 能單手朝物品伸出並抓起。 1-4 能雙手將物品輕放。 1-5 能單手將物品輕放。
	雙手協調	1 能促進雙手協調的發展 1-1 能同時使用雙手處理一樣的東西。 1-2 能同時使用雙手處理不一樣的東西。
雙手協調	握、拿	1 能正確握、拿物品並維持穩定 1-1 能熟練生活自理技能的握、拿。 1-2 能熟練休閒娛樂的握、拿。 1-3 能熟練肌力性的握、拿。
	塗鴉、劃線	1 能正確執筆及操作 1-1 能握筆畫出直線條。 1-2 能握筆畫出曲線條。 1-3 能握筆描繪出輪廓。 1-4 能任意著色。 1-5 能在指定的區域內著色。
	穿、插、拔	1 能熟練穿的技能 1-1 能將細繩穿入圓孔中。 1-2 能將針、線穿入小洞內。 2 能熟練插的技能 2-1 能正確的把筆插入筆套內。 2-2 能正確的把插頭插入插座內。 2-3 能正確的把鑰匙插入鎖孔內。 2-4 能正確的把硬幣投入電話機或販賣機內。 2-5 能正確的將信紙插入信封內。 3 能熟練拔的技能 3-1 能正確的把筆從筆套內拔出。 3-2 能正確的把插頭從插座內拔出。

		3-3 能正確的把鑰匙從鎖孔內拔出。 3-4 能正確的把信紙從信封內取出。
	擊準	1 能將沙包丟入桶內 1-1 能將沙包丟入近距離的大桶子內。 1-2 能將沙包丟入近距離的中桶子內。 1-3 能將沙包丟入近距離的小桶子內。 1-4 能將沙包丟入中距離的大桶子內。 1-5 能將沙包丟入中距離的中桶子內。 1-6 能將沙包丟入中距離的小桶子內。 1-7 能將沙包丟入遠距離的大桶子內。 1-8 能將沙包丟入遠距離的中桶子內。 1-9 能將沙包丟入遠距離的小桶子內。

表 3-8　次領域：二、自我照顧　　綱目：（一）飲食

項目	細目	教學目標
飲食能力	喝	1 喝水訓練 1-1 能夠表示想去喝水。 1-2 能夠知道壺中的水可以喝。 1-3 能倒出壺中的水至杯中。 1-4 能手拿杯子喝水。 1-5 能用手拿杯子到口邊。 1-6 能用吸管喝杯中的水。
	吃	1 吃東西訓練 1-1 能表示想吃食物。 1-2 能分辨麵包、飯、麵。 1-3 能咀嚼稀飯、麵包、飯、麵。 1-4 能用湯匙吃飯、稀飯。 1-5 能用筷子吃飯、麵。
飲食選擇	新鮮	1 能辨認食物的新鮮度 1-1 能認識新鮮食物的樣子。 1-2 能認識壞掉食物的樣子。 1-3 能從兩種食物中分辨出哪個是新鮮的，哪個是壞掉的。

		2 能認識保存期限之標誌 2-1 能認識保存期限之標誌。 2-2 能指出哪些食物過期不能食用。
	食物衛生	1 能分辨食物乾淨與否 1-1 能分辨乾淨的食物與骯髒的食物。 2 能選擇衛生的食物 2-1 能夠不吃掉在地上的食物。 2-2 能夠不吃路邊攤的食物。 2-3 能夠不吃過期的食物。
	均衡適量	1 能均衡適當的飲食 1-1 能認識五大類食物。 1-2 能吃五大類的食物。 1-3 能不挑食的吃完老師分配的食物。 1-4 能夠表示吃飽了或不想吃。
飲食習慣	衛生習慣	1 能養成衛生的飲食習慣 1-1 能在吃飯前洗手。 1-2 能在吃飯後刷牙、漱口。 1-3 能用毛巾、手帕擦手、口。 1-4 能用衛生紙擦手、口。
	整潔習慣	1 能維持餐桌整潔 1-1 能端碗至口邊食用。 1-2 能擺好碗盤。 1-3 能用碗盤吃食物。 1-4 吃飯時能不將飯菜掉至碗盤外。 1-5 能將碗盤裡的食物吃乾淨。 1-6 飯後能收拾碗盤至清洗台。
	儀態	1 能養成良好的用餐禮儀 1-1 能等大家都到齊時一起吃飯。 1-2 能聽老師指示而開動。 1-3 使用碗盤時能不發出聲音。 1-4 喝湯時能不發出聲音。 1-5 吃飯時能不說話。

表 3-9　次領域：二、自我照顧　　綱目：（二）穿著

項目	細目	教學目標
衣物的穿著	穿	1 能學會穿衣 1-1 能穿套頭的衣物。 1-2 能穿有鈕扣的衣物。 1-3 能穿外套。 1-4 能穿運動褲。 1-5 能穿繫皮帶的褲子。
	脫	1 能學會脫衣 1-1 能脫套頭的衣物。 1-2 能脫有鈕扣的衣物。 1-3 能脫外套。 1-4 能脫運動褲。 1-5 能脫繫皮帶的褲子。
	上衣	1 能夠辨認上衣 1-1 能認識上衣。 1-2 能指出上衣和其他衣物的不同。 1-3 能說出上衣的用途。
	裙子、褲子	1 能辨認褲子和裙子 1-1 能認識褲子和裙子。 1-2 能依指示找出褲子和裙子。 1-3 能說出兩者的用途不同。
	鞋襪、帽子	1 能辨認鞋襪和帽子 1-1 能認識鞋襪和帽子。 1-2 能依指示找出鞋襪和帽子。 1-3 能說出兩者的用途不同。
	飾物	1 能辨認常見的飾物 1-1 能認識衣物的飾物數種。 1-2 能說出飾物的用途。
衣物的選擇	場合	1 能選擇穿著適當的衣物 1-1 能說出不同的衣物。 1-2 能說出不同的場合。

		1-3 能在不同的場合穿著適當的衣物。
	氣候	1 能分辨氣候 1-1 能分辨天氣的冷、熱。 2 能穿適當的衣物 2-1 能說出春天穿什麼樣的衣物。 2-2 能說出夏天穿什麼樣的衣物。 2-3 能說出秋天穿什麼樣的衣物。 2-4 能說出冬天穿什麼樣的衣物。 2-5 能在不同的天氣穿著適當的衣物。
衣物的搭配	樣式	1 能辨認各種樣式的衣物 1-1 能辨認西裝。 1-2 能辨認運動服。 1-3 能辨認休閒服。 1-4 能辨認洋裝。 1-5 能辨認睡衣。 1-6 能辨認晚禮服。 1-7 能辨認其他衣物。
	飾品、配件	1 能認識衣物的配件和飾品 1-1 能認識衣物的各種配件和飾品。 1-2 能認識衣物配件和飾品之間的不同。 2 能學會搭配飾品、配件 2-1 能在不同的場合，搭配適當的飾品、配件。

表 3-10 次領域：二、自我照顧　綱目：（三）個人衛生

項目	細目	教學目標
如廁	意願表示	1 能表示意願 1-1 能說出自己要大小便。 1-2 能說出大小便要上廁所。
	如廁行為	1 能自行完成如廁行為 1-1 能自行走至廁所。 1-2 如廁前能夠關門並上鎖。 1-3 能自行如廁。

		1-4 如廁後能沖水。 1-5 如廁後會洗手。
	廁所的辨認	1 能正確的辨認男女廁所 1-1 能認識男廁所和女廁所的不同。 1-2 能辨認表示男女廁所的文字或符號、圖形。 1-3 能正確進入男女廁所。
盥洗	洗手	1 能將手部清洗乾淨 1-1 能說出上完廁所後要洗手。 1-2 能說出吃東西前要洗手。 1-3 能使用香皂塗抹手部。 1-4 能使用清水將手部清洗乾淨。 1-5 能使用毛巾將清洗過後的手擦乾淨。
	洗臉	1 能保持臉部乾淨 1-1 能說出臉上的哪些地方要洗。 1-2 能使用清水拂拭臉部。 1-3 能使用毛巾將清洗過後的臉擦乾淨。
	刷牙	1 能以正確的方式刷牙 1-1 能說出口齒不清潔給人的感覺。 1-2 能做出正確的刷牙方法。 1-3 能完成漱口的動作。
	洗澡	1 能把身體清洗乾淨 1-1 能說出不洗澡的感覺。 1-2 能說出洗澡後的感覺。 1-3 能用清水先淋濕身體。 1-4 能使用香皂塗抹身體。 1-5 能使用清水將身體清洗乾淨。 1-6 能使用毛巾將清洗過的身體擦乾。
	洗頭	1 能維持頭髮的清潔 1-1 能說出不洗頭的味道。 1-2 能用清水先拍濕頭髮。 1-3 能將適量的洗髮乳倒在手上。 1-4 能使用手上的洗髮乳在頭髮上搓洗。

		1-5 能用清水將頭部沖洗乾淨。 1-6 能使用毛巾將清洗過的頭髮擦乾。 1-7 能使用吹風機將頭髮吹乾。
儀容與整潔	梳頭	1 能保持頭髮的整齊 1-1 能說出頭髮蓬亂不整齊給人的感覺。 1-2 能使用鏡子觀察自己的頭髮是否整齊。 1-3 能使用梳子將頭髮梳理整齊。
	擤鼻涕	1 能處理流鼻涕 1-1 能說出流鼻涕該如何處理。 1-2 能用衛生紙將鼻涕擤出來。 1-3 能將使用過的衛生紙丟入垃圾桶內。
	修剪指甲	1 能保持指甲整齊 1-1 能說出指甲什麼時候該剪。 1-2 能使用指甲剪修剪指甲。 1-3 能將修剪後的指甲屑丟入垃圾桶內。
	刮鬍鬚	1 能經常刮鬍子 1-1 能說出不整理鬍鬚給人的感覺。 1-2 能說出鬍鬚什麼時候該刮。 1-3 能做出刮鬍刀正確的使用方法。 1-4 能將使用過的器具歸定位。
	處理月事	1 能正確處理月事 1-1 能說出女生月經來臨時要如何正確處理。 1-2 能說出月經來時要用何種方法保持清潔乾淨（洗滌方式）。 1-3 能說出衛生棉要到哪裡購買。 1-4 能正確的使用衛生棉。

表 3-11　次領域：二、自我照顧　　綱目：（四）生理健康

項目	細目	教學目標
認識身體器官與保健	頭	1 能認識頭部 1-1 能指出頭在哪裡（從掛圖中）。 1-2 能說出頭部有哪些器官（從掛圖中）。 1-3 能說出頭的重要性。 1-4 能說出頭部的保健方法（至少一種）。
	軀幹	1 能認識軀幹 1-1 能指出軀幹在哪裡（從掛圖中）。 1-2 能說出軀幹有哪些器官（從掛圖中）。 1-3 能說出軀幹的重要性。 1-4 能說出軀幹的保健方法（至少一種）。
	四肢	1 能認識四肢 1-1 能指出四肢在哪裡（從掛圖中）。 1-2 能說出四肢的重要性。 1-3 能正確的數出手指的數目。 1-4 能正確的數出腳趾的數目。 1-5 能說出四肢的保健方法（至少一種）。
	循環系統	1 能認識循環系統 1-1 能說出並指出循環器官為何（從掛圖中找出至少二種）。 1-2 能說出循環系統的重要性。 1-3 能說出循環器官的保健方法（至少一種）。
	呼吸系統	1 能認識呼吸系統 1-1 能說出並指出呼吸器官為何（從掛圖中找出至少二種）。 1-2 能說出呼吸系統的重要性。 1-3 能說出呼吸器官的保健方法（至少一種）。
	消化系統	1 能認識消化系統 1-1 能說出並指出消化器官為何（從掛圖中找出至少二種）。 1-2 能說出消化系統的重要性。 1-3 能說出消化器官的保健方法（至少一種）。

	泌尿系統	1 能認識泌尿系統 1-1 能說出並指出泌尿器官為何（從掛圖中找出至少二種）。 1-2 能說出泌尿系統的重要性。 1-3 能說出泌尿器官的保健方法（至少一種）。
	生殖系統	1 能認識生殖系統 1-1 能說出並指出生殖器官為何（從掛圖中找出至少二種）。 1-2 能說出生殖系統的重要性。 1-3 能說出生殖器官的保健方法（至少一種）。
身體保健	營養	1 能定時適量的飲食 1-1 能說出一天要吃三餐。 1-2 能說出早餐約在幾時吃。 1-3 能說出午餐約在幾時吃。 1-4 能說出晚餐約在幾時吃。 1-5 能說出每餐不能吃太多或太少的理由。 2 能養成良好的飲食和咀嚼習慣 2-1 能說出吃東西前要洗手。 2-2 能說出吃東西時要細嚼慢嚥以便幫助消化。 3 能養成有助消化的活動 3-1 能說出吃飽後不可立刻做事。 3-2 能說出吃飽後要吃水果。 3-3 能說出吃飽後要做散步的活動。
	運動	1 運動興趣的培養 1-1 能說出自己平常做什麼運動。 1-2 能說出自己最喜歡的一種運動。 2 運動能力的培養 2-1 能說出運動的好處。 2-2 能說出運動要持之以恆。 3 養成健康的運動習慣 3-1 能說出吃飯前後不能做劇烈運動。 3-2 能說出運動時要穿著運動服。 3-3 能說出劇烈的賽跑後不能立刻坐下。 3-4 能說出運動前要先做暖身操。

	休息	1 休息的重要性 1-1 能說出工作累了該怎麼辦。 1-2 能說出休息的好處。 1-3 能說出休息的方法至少二種。 2 音樂與休息 2-1 能說出對音樂的喜好。 2-2 能說出欣賞音樂的好處。
	睡眠	1 睡眠穿的衣服 1-1 能說出睡眠要穿著寬鬆的衣服。 1-2 能說出睡眠不可穿太多衣服。 2 充分的睡眠 2-1 能說出自己每天共睡多少小時。 2-2 能說出太晚睡覺的壞處。 2-3 能說出每天該睡多少小時。 3 睡眠環境的佈置 3-1 能說出臥室整理乾淨的方法。 3-2 能說出自己如何佈置臥室。
	辨識有害食物	1 能不吃不清潔的食物 1-1 能說出什麼樣的食物叫不清潔的食物。 1-2 能說出不吃不清潔食物的理由。 1-3 能說出不在外面亂吃東西的理由。 2 不吃腐壞的食物 2-1 能說出有臭味的東西不能吃。 2-2 能說出發酸的食物不能吃。 2-3 能說出爛掉的食物不能吃。 2-4 能說出吃了腐壞食物的後果。 3 其他 3-1 不吃來路不明的食物。 3-2 不吃標示不清的食物。
疾病的認識與預防	認識疾病	1 能認識常見的疾病 1-1 能說出常見疾病的種類（任二種）。 1-2 能說出生病時正確的處理方法。 1-3 能說出要怎麼做才不會被疾病傳染。

	病毒傳染	1 認識病毒的種類 1-1 能說出病毒的名稱（任二種）。 2 認識病毒傳染媒介 2-1 能舉例說出在生活環境中什麼地方最髒。 2-2 能說出髒地方有哪些病毒。 2-3 能說出何種情況會被病毒所傳染。
	預防接種	1 能確實接受預防接種 1-1 能說出自己曾打過何種預防針。 1-2 能說出打預防針的目的。 1-3 能說出打預防針是好的。 1-4 能說出衛生所通知打預防針時一定要去。
兩性教育	生理表徵	1 認識男性的生理表徵 1-1 能說出自己的生日、年齡。 1-2 能量出自己的身高、體重。 1-3 能說出男性的生殖器官。 1-4 能舉出男性因成長與發展所造成的生理變化（至少二種）。 2 認識女性的生理表徵 2-1 能說出自己的生日、年齡。 2-2 能量出自己的身高、體重。 2-3 能說出女性的生殖器官。 2-4 能舉出女性因成長與發展所造成的生理變化（至少二種）。
	衛生保健	1 身體衛生 1-1 能說出不洗澡的感覺。 1-2 能說出洗澡後的感覺。 1-3 能說出指甲什麼時候該修剪。 1-4 能說出頭髮不洗的味道。 1-5 能說出口齒不清潔給人的感覺。 1-6 能說出洗臉的方法。 1-7 能說出流鼻涕該怎麼辦。 1-8 能說出什麼時候該理髮。 1-9 能說出要隨身攜帶清潔的手帕和衛生紙。

		2 穿著的衛生 2-1 能說出衣服髒時的感覺。 2-2 能說出穿著清潔、漂亮衣服的感覺。 2-3 能說出穿著不合身衣服的感覺。 2-4 能說出骯髒時要換洗。 2-5 能說出清潔的衣服要放入衣櫃內。 2-6 能說出自己會看天氣的冷熱增減衣服。 3 起居衛生 3-1 能說出睡覺的地方叫臥室。 3-2 能說出睡覺時臥室必須空氣流通。 3-3 能說出睡覺時披掛蚊帳的理由。 3-4 能說出自己保持臥室乾淨的方法（至少二種）。 3-5 能在睡醒後自行折疊棉被。 3-6 能說出睡醒後要刷牙、洗臉。 4 青春期的衛生 4-1 能說出男生與女生不同的地方（至少二種）。 4-2 能說出青春期後的男女在外形上的不同。 4-3 能說出男女在青春期之生理變化。 4-4 能說出女生在此時會有月經。 4-5 能說出女生月經來臨時要如何正確的處理。 4-6 能說出月經來要用何種方法保持清潔乾淨（洗滌方式）。 4-7 能說出衛生棉要到哪裡購買。 4-8 能說出男生晚上睡覺後內褲或床單濕濕的就是精液。 4-9 能說出內褲、床單濕濕的要拿去換洗。
	心理調適	1 對心理自我照顧的認識 1-1 能說出使自己感到快樂的事物、情境。 1-2 能說出使自己感到不快樂的事物、情境。 1-3 能說出令自己生氣的事。 1-4 能說出令自己害怕的事物或情境。 1-5 能說出令自己感到緊張的情境。 1-6 能列舉自己的優點。 1-7 能列舉自己的缺點。 1-8 能說出生理健康會影響心理健康的理由（至少一種）。

		1-9 能說出心理健康會影響生理健康的理由（至少一種）。 2 對心理自我照顧的發展 2-1 能說出自己的情緒反應如何影響自己及他人。 2-2 能說出如何將不適的情緒做適當的發洩或轉移。 2-3 能說出自己情緒變化的原因。 2-4 能說出在非常狀況下需控制自己情緒的重要性。 2-5 能說出何以要接受並適應自己能力的限制。 2-6 能描述自信心、耐心與勇氣對完成一件工作的重要性。
	婚姻生活	1 能過婚姻的生活 1-1 能瞭解婚姻的意義。 1-2 能瞭解身為丈夫的責任。 1-3 能瞭解身為妻子的責任。 1-4 能瞭解互重、互愛誠實以對的重要性。 1-5 能瞭解婚姻生活是個家庭的開始。

表 3-12 次領域：二、自我照顧 綱目：（五）心理健康

項目	細目	教學目標
自我認識	姓名	1 能辨認自己的姓名 1-1 能從三個以上不同的單字卡找出自己的姓氏。 1-2 能於任何時機中指出自己的姓氏。 1-3 能從三個以上的姓名卡中找出自己的姓名。 1-4 能於自己生活的時機中指出自己的姓名。 1-5 能於班級的名單中指出自己的姓名位置。 2 能讀出自己的姓名 2-1 能讀出自己的姓氏。 2-2 能按照老師的讀音複誦自己的姓名。 2-3 能看老師出示的姓名卡讀出自己的姓名。 2-4 能於任何出現自己姓名的時機讀出自己的姓名。 2-5 能於姓名中的字分開出現時，正確地讀出其中單字。
	性別	1 能認識性別 1-1 能說出自己是男生或是女生。 1-2 能正確的指出同學是男生或是女生。 1-3 能從人物的圖片中，選出哪些是男生或哪些是女生。

<table>
<tr><td rowspan="3"></td><td>年齡</td><td>1 能明瞭年齡
1-1 能正確的說出自己的年齡。
1-2 能正確的說出兄弟姊妹的年齡。
1-3 能正確的說出同學的年齡。</td></tr>
<tr><td>特徵</td><td>1 能說出自己的特徵
1-1 能正確的說出自己臉上的特徵。
1-2 能正確的說出自己身體的特徵（高、矮、胖、瘦）。
2 能說出他人的特徵
2-1 能正確的說出他人臉上的特徵。
2-2 能正確的說出他人身體的特徵（高、矮、胖、瘦）。</td></tr>
<tr><td>嗜好</td><td>1 能培養出嗜好
1-1 能描述自己的嗜好。
1-2 能說出自己最喜歡的運動。
1-3 能說出自己最喜歡的書。
1-4 能說出自己最喜歡的音樂。
1-5 能說出自己最喜歡的食物。
1-6 能說出自己最喜歡的衣物。</td></tr>
<tr><td rowspan="4">自我適應</td><td>情緒的控制</td><td>1 能控制情緒
1-1 能說出引起情緒變化的原因（至少二種）。
1-2 能說明自己的情緒反應如何影響自己及他人。
1-3 能說明在非常狀況下需控制自己情緒的重要性。</td></tr>
<tr><td>調適需求的適當方法</td><td>1 能適當的調適需求
1-1 能說出如何將不適當的情緒做適當的發洩或轉移。
1-2 能說出何種行為受人喜歡，何種行為不受人喜歡。</td></tr>
<tr><td>尋求協助</td><td>1 能尋找幫忙
1-1 遇到不懂的「事」能請教別人。
1-2 遇到不認識的「人」能請教別人。
1-3 遇到不瞭解的「物品」能請教別人。</td></tr>
<tr><td>良好的人際關係</td><td>1 能建立良好的人際關係
1-1 能在向別人借用物品時，會說「請」；歸還物品時，會說「謝謝」。
1-2 當同學向自己說「對不起」時，會說「沒關係」。
1-3 自己有錯時，會向人說「對不起」。</td></tr>
</table>

		1-4 能說出為什麼儀容整齊深受同學歡迎。 1-5 能表演互相幫助的行為。 1-6 能解釋互相幫助的重要性。 1-7 能說出哪些行為受人歡迎（至少三種）。
自我肯定	建立自信心	1 能建立自信心 1-1 能說出什麼叫做自信心。 1-2 能說出自信心的重要性。 1-3 能描述自信心、耐心與勇氣對完成一項工作的重要性。 1-4 能建立自己的自信心。
	負責行為	1 能勇於負責 1-1 能瞭解什麼叫做負責行為。 1-2 能瞭解負責行為的重要性。 1-3 能描述自己的負責行為（至少一項）。
	解決問題的能力	1 能培養解決問題的能力 1-1 能在需要的時機尋求協助。 1-2 能從日常生活、工作經驗中建立自信心。 1-3 能從日常生活、工作經驗中培養負責行為。 1-4 能培養自己解決問題的能力。 1-5 能感謝別人所給予的協助。
	瞭解自己的優點與限制	1 能確實認識自己 1-1 能列舉自己的優點。 1-2 能說出何以要發展自己的優點。 1-3 能列舉自己的能力限制。 1-4 能說出何以要接受並適應自己的能力限制。 1-5 能說出如何發展優點來減少能力限制。

表 3-13　次領域：三、居家生活　　綱目：（一）家庭倫理

項目	細目	教學目標
家庭組織	稱謂與關係	1 能認識何謂親戚 1-1 能瞭解親戚的意思。 1-2 能瞭解親戚關係與朋友關係的不同。 1-3 能瞭解尊卑意義及應表現的禮節。

		2 能辨認直系血親 2-1 能瞭解直系血親的意義。 2-2 能說出爸媽與祖父母的關係。 2-3 能說出自己與爸媽的關係。 2-4 能說出自己與兄弟姊妹的關係。 2-5 能排出祖父母、父母、兄弟姊妹的尊卑次序。 3 旁系血親 3-1 能說出伯、叔、姑姑與爸爸的關係。 3-2 能說出舅舅、阿姨與媽媽的關係。
	職業	1 能認識選擇職業 1-1 能說出什麼是職業。 1-2 能說出爸爸的職業。 1-3 能說出媽媽的職業。 1-4 能說出將來想要從事什麼職業。
	家庭概況	1 能認識家庭的結構 1-1 能說出住家的縣市。 1-2 能說出自己的房子是平房或樓房。 1-3 能算出自己在家裡的排行。 1-4 能算出兄弟姊妹共有幾人。 1-5 能說出家裡有哪些交通工具。 2 家庭的活動 2-1 能說出父親的職業是什麼。 2-2 能說出母親的職業是什麼。 2-3 能說出兄弟姊妹是在學或尚未就學或就業。 2-4 能描述家人在家時通常做些什麼事。 2-5 能描述自己在家做功課的情形（包括時間、地點）。
家人相處	應對、進退	1 能認識應對、進退道理 1-1 能說出什麼時候該說「請」（至少三種）。 1-2 能說出什麼時候該說「對不起」（至少三種）。 1-3 能說出什麼時候該說「謝謝」（至少三種）。
	尊重、體諒	1 能認識尊重與體諒 1-1 能在向他人借用物品時，會說「請」；歸還物品時，會說「謝謝」。 1-2 當別人向自己說「對不起」時，會說「沒關係」。

	分享、互助	1 能認識分享、互助 1-1 能說出何時需要他人的幫助（至少一種）。 1-2 能說出什麼東西要與他人分享（至少一種）。 1-3 能說出為何要關愛兄弟姊妹（至少一種）。 1-4 能說出要如何關愛兄弟姊妹（至少一種）。
家庭活動	日常生活	1 能認識日常生活的活動 1-1 能說出自己幾點起床、幾點睡覺。 1-2 能說出自己在家裡時通常做些什麼事。 1-3 能說出何以要愛護家裡的小動物。 1-4 能說出自己最喜歡的食物。 1-5 能說出自己最喜歡的衣物。 1-6 能說出節日慶典時，家裡有哪些活動。
	喜慶婚喪	1 能認識婚喪喜慶的活動 1-1 能說出本地民俗節慶。 1-2 能說出本國傳統的民俗節慶及其活動。 1-3 能說出參觀結婚儀式的感想。 1-4 能說出對親人過世的感想。 1-5 能表現出應有的禮貌與尊重。
	祭祖	1 能認識祭祖的活動 1-1 能瞭解「祖先」的意義。 1-2 能認識祭祖的儀式。 1-3 能瞭解祭祖的意義。 1-4 能瞭解祭祖之外的偉人祭典（如春祭、秋祭、祭孔）。
	生日	1 能認識生日 1-1 能瞭解「生日」的意義。 1-2 能認識「慶生」的儀式。 1-3 能瞭解父母生兒育女的偉大。
	休閒活動	1 能認真的參與活動 1-1 能夠依照規定做事前的準備工作。 1-2 能在活動中認真的練習基本動作。 1-3 能夠將基本動作連貫並認真練習。 2 能夠在活動中與家人快樂的合作 2-1 能夠和家人共同參與整個活動。

		2-2 能夠在與家人合作中表現出快樂的情緒。 2-3 能夠願意與家人相互合作。

表 3-14 次領域：三、居家生活 綱目：（二）家庭能力

項目	細目	教學目標
食物處理	食物的認識	1 能說出食物的種類 1-1 能說出魚類的食物（至少三種）。 1-2 能說出肉類的食物（至少三種）。 1-3 能說出蛋類的食物（至少三種）。 1-4 能說出奶類的食物（至少三種）。 1-5 能說出豆類的食物（至少三種）。 2 能說出食物的營養素 2-1 能說出魚類所含有的營養素。 2-2 能說出肉類所含有的營養素。 2-3 能說出蛋類所含有的營養素。 2-4 能說出奶類所含有的營養素。 2-5 能說出豆類所含有的營養素。 3 能說出食物營養素對人體的功用 3-1 能說出魚類所含營養素對人體的功用。 3-2 能說出肉類所含營養素對人體的功用。 3-3 能說出蛋類所含營養素對人體的功用。 3-4 能說出奶類所含營養素對人體的功用。 3-5 能說出豆類所含營養素對人體的功用。
	食物的選購	1 能說出購買食物的地點（至少二種） 1-1 能說出購買魚類的地方。 1-2 能說出購買肉類的地方。 1-3 能說出購買蛋類的地方。 1-4 能說出購買奶類的地方。 1-5 能說出購買豆類的地方。 2 能說出如何選購新鮮的食物 2-1 能說出如何選購新鮮魚類的方法。 2-2 能說出如何選購新鮮蛋類的方法。 2-3 能說出如何選購新鮮奶類的方法。

	2-4 能說出如何選購新鮮肉類的方法。 2-5 能說出如何選購新鮮豆類的方法。 3 能說出如何選購包裝的食物 3-1 能說出選購前要看製造日期及保存期限。 3-2 能說出購買前要檢查包裝是否有破損。 3-3 能說出購買肉類前要檢查是否有政府合格的檢驗商標。
食物的烹煮	1 能說出烹煮食物的方法 1-1 能說出魚類的烹煮方法（至少二種）。 1-2 能說出肉類的烹煮方法（至少二種）。 1-3 能說出蛋類的烹煮方法（至少二種）。 1-4 能說出奶類的烹煮方法（至少二種）。 1-5 能說出豆類的烹煮方法（至少二種）。 2 能正確的烹煮食物 2-1 能正確的烹煮魚類（至少一種）。 2-2 能正確的烹煮肉類（至少一種）。 2-3 能正確的烹煮蛋類（至少一種）。 2-4 能正確的烹煮奶類（至少一種）。 2-5 能正確的烹煮豆類（至少一種）。 3 能說出烹煮的注意事項 3-1 能隨時注意瓦斯是否確實關閉。 3-2 能將食物正確的清洗。 3-3 能把烹煮食物的火候確實掌握。
食物的保存	1 能說出如何保存未烹煮過的食物 1-1 能說出如何保存未烹煮過的魚類。 1-2 能說出如何保存未烹煮過的肉類。 1-3 能說出如何保存未烹煮過的蛋類。 1-4 能說出如何保存未烹煮過的奶類。 1-5 能說出如何保存未烹煮過的豆類。 2 能說出如何保存烹煮過的食物 2-1 能說出如何保存烹煮過的魚類。 2-2 能說出如何保存烹煮過的肉類。 2-3 能說出如何保存烹煮過的蛋類。 2-4 能說出如何保存烹煮過的奶類。 2-5 能說出如何保存烹煮過的豆類。

		3 能正確把食物予以保存 3-1 能夠正確使用保鮮膜將食物包裝予以保持鮮度。 3-2 能將食物放置正確的位置予以保存。 3-3 能將生食與熟食分開保存。 3-4 能將食物保存日期予以標示。
衣物處理	衣物的洗滌	1 能將洗滌之衣物分類 1-1 能將淺色衣物歸類。 1-2 能將深色衣物歸類。 1-3 能將衣物依顏色的深淺分開清洗。 2 能正確的操作洗衣機 2-1 能將衣物放置洗衣槽中。 2-2 能依照衣物的多寡放入洗衣粉。 2-3 能依照衣物的多寡正確的操作洗衣機。 2-4 能將衣物放置脫水槽。 2-5 能依照衣物的多寡調整脫水時間。 2-6 能將衣物從脫水槽取出。
	衣物的折疊	1 能說出折疊衣物的方法 1-1 能正確說出折疊衣物的方法。 1-2 能正確將衣物折疊好。 2 能將折疊好的衣物收拾好 2-1 能將折疊好的衣物分類。 2-2 能將衣物放入衣櫃中。 2-3 能確實將衣櫃關閉。
	衣物的縫補	1 能說出衣物縫補的方法 1-1 能說出如何把線穿過針孔。 1-2 能說出如何打結。 1-3 能說出如何縫補。 1-4 能說出如何將最後的線頭固定。 2 能正確的縫補衣物 2-1 能正確的把線穿過針孔。 2-2 能正確的打結。 2-3 能正確的縫補。 2-4 能正確的將最後的線頭固定。

	衣物的選購	1 能說出選購衣物的目的 1-1 能說出依實際需要選購衣物。 1-2 能說出選購衣物的樣式。 2 能自行選購衣物 2-1 能針對需要選購衣物。 2-2 能衡量衣物的價錢。 2-3 能選購衣物的質料。 2-4 能比較各種樣式後再做決定。 3 能選購合身的衣物 3-1 能在購買衣物前先試穿。 3-2 能選擇大小合適的衣物。
	衣物的保存	1 能將衣物放置衣櫃內保存 1-1 能將衣物用衣架置於衣櫃中。 1-2 能將衣物折疊好放置衣櫃中。 1-3 能將衣櫃內的衣物排列整齊。 2 能將衣物分類 2-1 能將衣物依季節分類。 2-2 能將衣物依種類分別用衣架或折疊的方式保存。 3 能保存衣物的清潔 3-1 能將衣物清洗乾淨後再放置衣櫃內保存。 3-2 能利用乾燥劑避免衣物受潮。 3-3 能檢查衣櫃內衣物是否受潮。 3-4 能定時將保存之衣物取出來清洗。
清理工作	廢物處理	1 能夠辨別廢物 1-1 能夠辨別需要丟棄的物品。 1-2 能夠將廢棄物予以蒐集。 2 能夠將廢棄物予以分類 2-1 能夠將廢棄物依照屬性分類。 2-2 能夠將分類完的廢棄物分別打包裝置垃圾袋中。 3 能夠將廢棄物放置正確的位置 3-1 能夠將打包的廢棄物丟至正確的位置。 3-2 能夠將廢棄物丟掉後再巡視環境做一次檢查是否有掉落或積水。 3-3 能夠在環境檢查後予以整理乾淨。

	擦拭	1 能夠知道擦拭的方法 1-1 能夠正確說出擦拭的步驟。 1-2 能夠說出擦拭時所需的用具。 1-3 能夠正確依照步驟完成擦拭的動作。 2 能夠維持擦拭後的整潔 2-1 能夠將擦拭時移動的物品歸定位。 2-2 能夠將擦拭時所用的抹布擰乾。 2-3 能夠有順序的將所需擦拭的部分完成。 3 能夠在擦拭後將用具歸定位 3-1 能將擦拭後的抹布清洗乾淨。 3-2 能夠於擦拭後將抹布歸定位。 4 能夠定期做擦拭的工作 4-1 能夠發現需擦拭的不潔地方。 4-2 能夠主動的去擦拭不潔之處。 4-3 能夠養成自動擦拭的習慣。
	刷洗	1 能夠知道刷洗的方法 1-1 能夠正確的說出刷洗的步驟。 1-2 能夠正確的說出刷洗所需的工具。 1-3 能夠正確的依照步驟來完成刷洗的程序。 1-4 能將刷洗後的物品放置通風處晾乾。 2 能夠維持刷洗後的乾淨 2-1 能夠將刷洗時所移動的物品歸定位。 2-2 能夠正確使用刷洗時所需的工具。 2-3 能夠有順序的將所需刷洗的部分清洗乾淨。 3 能夠在刷洗後將用具歸定位 3-1 能將刷洗後的工具清洗乾淨。 3-2 能夠於刷洗後將工具歸定位。 4 能夠定期做刷洗的工作 4-1 能夠發現需刷洗的不潔地方。 4-2 能夠主動的去刷洗不潔之處。 4-3 能夠養成自動刷洗的習慣。
	整理	1 能說出各種物品的名稱 1-1 能說出各種物品的名稱（至少十種以上）。 1-2 能說出各種物品的名稱之放置位置（至少十種以上）。

		1-3 能夠依照物品的名稱拿出該物品。 2 能夠將各物品放置固定位置 2-1 能夠將物品放置固定位置。 2-2 能夠發現不在固定位置的物品。 2-3 能夠將放置位置不對的物品歸位。 3 能隨時從事整理的工作 3-1 能夠隨手將使用後的物品歸定位。 3-2 能夠隨手將掉落的物品歸定位。 3-3 能夠養成隨時將物品歸定位的習慣。
照顧家人	病痛者的照顧	1 能依照醫師的指示給予病痛者協助 1-1 能說出醫師所交代的事項。 1-2 能完成醫師所交代的事項。 1-3 能按時給病痛者吃藥。 2 能依照病痛者的需要給予協助 2-1 能瞭解病痛者的需要。 2-2 能針對病痛者的需要給予協助。 2-3 能隨時注意病痛者的狀況。 2-4 能記錄病痛者的康復狀況。 3 能給予病痛者行動上的協助 3-1 能帶病痛者就醫。 3-2 能協助病痛者著裝。 3-3 能給予病痛者心理輔導。 3-4 能帶給病痛者快樂。
	幼兒的看顧	1 能瞭解幼兒的實際需要 1-1 能說出幼兒日常生活中的需要品（至少五種）。 1-2 能夠知道幼兒日常用品的放置地點。 1-3 能依照幼兒的需要正確的拿到日用品。 2 能給予幼兒餵食 2-1 能說出幼兒需要餵食的時間。 2-2 能依照時間準備幼兒的食物。 2-3 能說出餵食的用具。 2-4 能說出餵食的動作要領。 2-5 能依照要領給予正確餵食。 2-6 能清洗餵食用具。

		3 能注意幼兒的穿著 3-1 能注意幼兒的穿著是否保暖。 3-2 能給予幼兒添加衣物。 3-3 能給予幼兒穿脫衣物。 3-4 能隨時注意幼兒在睡眠時是否踢被子。 4 能給予幼兒淋浴 4-1 能定時帶幼兒洗澡。 4-2 能說出幼兒洗澡時所需的物品。 4-3 能說出幼兒洗澡時所需注意的事項。 4-4 能正確的準備幼兒洗澡時所需的物品。 4-5 能依照幼兒洗澡的注意事項實際操作。 4-6 能在洗澡後將幼兒的身體擦拭乾淨。 4-7 能在洗澡後立即將幼兒穿上足夠的衣物。
	長輩的照顧	1 能瞭解長輩的實際需要 1-1 能說出長輩日常生活中的需要品（至少五種）。 1-2 能知道長輩的日常用品放置地點。 1-3 能知道長輩所傳達的訊息。 1-4 能依照長輩所傳達的訊息給予協助。 1-5 能依照長輩的需要正確的拿到所需物品。 2 能幫助長輩的飲食 2-1 能說出長輩飲食的時間。 2-2 能說出長輩飲食的注意事項。 2-3 能正確的為長輩準備飲食。 2-4 能給予長輩餵食。 2-5 能處理長輩飲食後的清理工作。 3 能幫助長輩穿脫衣物 3-1 能說出長輩衣物的放置地點。 3-2 能正確的拿出長輩所需衣物。 3-3 能協助長輩穿脫衣物。 4 能給予長輩心理建設 4-1 能陪長輩閒話家常。 4-2 能隨時注意長輩的心理狀況。 4-3 能說故事給長輩聽。 4-4 能隨時幫助長輩完成所需的事務。

表 3-15 次領域：三、居家生活 綱目：（三）家庭設備

項目	細目	教學目標
房舍的使用、美化與維護	客廳	1 能指出客廳的設備 1-1 能說出客廳的設備名稱（至少五種）。 1-2 能說出客廳的設備之使用方法。 1-3 能夠依照設備的名稱指出該物品。 2 能夠維持客廳的整齊 2-1 能夠說出客廳物品的放置地點。 2-2 能隨手將使用過的物品歸定位。 2-3 能隨手關閉使用過的電源。 2-4 能隨手將客廳的物品排列整齊。 3 能夠維持客廳的清潔 3-1 能隨手將客廳的垃圾丟置垃圾桶內。 3-2 能定時的倒掉垃圾桶內的垃圾。 3-3 能定時的整理客廳。 3-4 能定時擦拭客廳內的傢俱。 3-5 能定時清潔客廳的地板。 3-6 能養成維持客廳清潔的習慣。
	臥室	1 能指出臥室的設備 1-1 能說出臥室設備名稱（至少五種）。 1-2 能說出臥室的設備之使用方法。 1-3 能夠依照設備的名稱指出該物品。 2 能夠維持臥室的整齊 2-1 能夠說出臥室物品的放置地點。 2-2 能隨手將使用過的物品歸定位。 2-3 能隨手關閉使用過的電源。 2-4 能隨手將臥室的物品排列整齊。 2-5 能夠主動折棉被。 3 能夠維持臥室的清潔 3-1 能隨手將臥室的垃圾丟置垃圾桶內。 3-2 能定時的倒掉垃圾桶內的垃圾。 3-3 能定時的整理臥室。 3-4 能定時清洗床單。 3-5 能定時清潔棉被套、枕頭套。

		3-5 能定時清潔棉被套、枕頭套。 3-6 能定時將棉被放置太陽底下曝曬。 3-7 能養成維持臥室清潔的習慣。
	廚房	1 能說出廚房用具的名稱及使用方法 1-1 能從實物中說出廚具名稱。 1-2 能說出廚房用具的使用方法。 1-3 能將使用後的廚具歸定位。 2 能維持廚具的清潔 2-1 能將使用過的廚具加以洗滌、擦拭。 2-2 能將清洗過的廚具歸定位。 3 能於廚房使用後恢復整潔 3-1 能將廚房的地板掃乾淨並用拖把拖乾。 3-2 能將廚房枱面加以整理清洗並擦拭乾淨。 3-3 能將垃圾打包好放置垃圾桶內。 3-4 能將整個廚房恢復到使用前的狀態。
	餐廳	1 能說出餐廳用具的名稱及使用方法 1-1 能從實物中說出餐具的名稱（至少二種）。 1-2 能說出餐具使用方法（至少二種）。 1-3 能說出餐具的放置位置。 2 能維持餐廳的清潔 2-1 能在用餐後將餐具清洗過並放置適當位置。 2-2 能用清潔的抹布將餐桌擦拭。 2-3 能將桌椅歸定位。
	浴廁	1 能說出浴廁用具的名稱及使用方法 1-1 能在浴廁中說出用具名稱（至少二種）。 1-2 能實際操作各種用具（至少二種）。 1-3 能說出各種用具的放置位置。 2 能使用浴廁設備 2-1 能將水龍頭開啟並確實關閉。 2-2 能使用抽水馬桶。 2-3 能在使用後將用具歸定位。 2-4 能自行從事衛浴的工作。 2-5 能在衛浴後將浴廁清洗乾淨。 3 能定期維護浴廁的整潔

		3-1 能定時清洗浴廁。 3-2 能將浴廁的垃圾清除。 3-3 能在清洗後將用具歸定位。
	陽台、樓梯、走廊	1 能說出陽台、樓梯、走廊的功用 1-1 能說出陽台的功用。 1-2 能說出樓梯的功用。 1-3 能說出走廊的功用。 2 能維持陽台、樓梯、走廊的清潔 2-1 能隨時維持陽台的清潔。 2-2 能隨時維持樓梯的清潔。 2-3 能隨時維持走廊的清潔。 3 能夠整理陽台、樓梯、走廊，將各物品放置原位 3-1 能定期整理陽台。 3-2 能定期整理樓梯。 3-3 能定期整理走廊。 3-4 能將陽台的物品歸定位。 3-5 能將樓梯的物品歸定位。 3-6 能將走廊的物品歸定位。 4 能打開並關閉陽台、樓梯、走廊的燈光 4-1 能打開並關閉陽台的燈光。 4-2 能打開並關閉樓梯的燈光。 4-3 能打開並關閉走廊的燈光。
工具的使用安全與維護	家用工具	1 能指出家用工具的名稱 1-1 能說出家用工具的名稱（至少三種）。 1-2 能分辨相似的家用工具並說出不同之處。 2 能正確使用家用工具 2-1 能說出家用工具的使用方法（至少三種）。 2-2 能正確使用家用工具（至少三種）。 2-3 能正確的選擇所需要的家用工具。 3 能保養家用工具 3-1 能說出家用工具保養方式（至少三種）。 3-2 能實際從事保養家用工具的工作。 3-3 能針對各家用工具的保養時間做保養工作。

	廚具	1 能指出廚具的名稱 1-1 能指出廚具的名稱（至少二種）。 1-2 能知道各廚具的放置地點。 1-3 能依照指示拿出廚具。 2 能說出各廚具的使用方式 2-1 能說出各廚具的使用方式（至少二種）。 2-2 能正確使用各廚具。 2-3 能在使用廚具後歸定位。 3 能維持各廚具的清潔 3-1 能使用後予以正確的清洗。 3-2 能定期維護廚具的清潔。
	清潔用具	1 能說出清潔用品的名稱 1-1 能正確說出清潔用品的名稱（至少二種）。 1-2 能說出清潔用具的放置地點。 1-3 能依指示拿出正確的清潔用具。 2 能說出各清潔用具的使用方式 2-1 能正確說出各清潔用具的使用方式。 2-2 能依照需要使用正確的清潔用具。 2-3 能正確的使用清潔用具。 2-4 能在使用後予以清洗。 2-5 能將使用過的清潔用具歸定位。 3 能檢查清潔用具 3-1 能發現清潔用具是否損壞。 3-2 能將損壞的清潔用具予以丟棄。 3-3 能尋找可替代的清潔用具加以使用。
	水錶、電錶、瓦斯錶	1 能認識工具 1-1 能辨認水錶、電錶、瓦斯錶的外在特徵。 1-2 能說出水錶、電錶、瓦斯錶的位置。 1-3 能說出水錶、電錶、瓦斯錶的用途。 2 能夠使用及維護工具 2-1 能認識水錶、電錶、瓦斯錶上的刻度意義。 2-2 能夠說出收費單上的金額和項目。 2-3 能夠說出異常時如何尋求協助。

家電的使用安全與維護	冰箱	1 能認識冰箱 1-1 能辨認冰箱的外型。 1-2 能認識冰箱內部的冷藏室、冷凍庫。 1-3 能認識冰箱的正確用途。 2 能夠使用及維護 2-1 能將蔬菜、水果放置於冷藏室。 2-2 能將肉類、魚類放置於冷凍庫。 2-3 能知道關閉冰箱時不要太大力且要關緊以免浪費電。 2-4 會使用柔布擦拭外箱。 2-5 會使用濕布擦拭內箱。 2-6 會清洗冰箱的散熱器、蒸發盤、排水管。 2-7 故障時能夠打電話向服務人員尋求協助。
	洗衣機	1 能認識洗衣機 1-1 能辨認洗衣機。 1-2 能認識洗衣機正確用途。 2 能夠使用及維護 2-1 能正確的插上、拔掉洗衣機的插頭。 2-2 能正確的操作洗衣機。 2-3 能使用刷子清洗水管中的異物。 2-4 能清除濾網上的異物。 2-5 故障時能夠打電話向服務人員尋求協助。
	電視	1 能認識電視 1-1 能認識電視的正確用途。 2 能夠使用及維護 2-1 能正確的插上、拔掉電視機的插頭。 2-2 會調節電視機的音量、畫質及選台。 2-3 觀賞時能正確保持二公尺以上的距離。 2-4 會使用柔布擦拭外部。 2-5 故障時能夠打電話向服務人員尋求協助。
	電風扇	1 能認識電風扇 1-1 能認識電風扇的正確用途。 2 能夠使用及維護 2-1 能正確的插上、拔掉電風扇的插頭。

		2-2 能正確的使用電風扇。 2-3 能在按鈕部分加注潤滑油。 2-4 能將網罩、扇葉拆下來清洗。 2-5 故障時能夠打電話向服務人員尋求協助。
	電鍋	1 能認識電鍋 1-1 能認識電鍋的正確使用方法。 2 能夠使用及維護 2-1 能正確的插上、拔掉電鍋插頭。 2-2 能依指示正確的使用電鍋。 2-3 能用柔布擦拭內、外鍋。 2-4 故障時能夠打電話向服務人員尋求協助。
	收錄音機	1 能認識收錄音機 1-1 能認識收錄音機的正確用途。 2 能夠使用及維護 2-1 能正確的插上、拔掉收錄音機的插頭。 2-2 會播放錄音帶。 2-3 會使用收音的部分。 2-4 會使用錄音的部分。 2-5 能正確調節音量。 2-6 故障時能夠打電話向服務人員尋求協助。
	錄放影機	1 能認識錄放影機 1-1 能認識錄放影機的正確用途。 2 能夠使用及維護 2-1 能正確的插上、拔掉錄放影機的插頭。 2-2 能正確的與電視連接。 2-3 能正確的播放錄影帶。 2-4 能正確的使用空白帶錄影。 2-5 能認識使用其他功能鍵。 2-6 故障時能夠打電話向服務人員尋求協助。
	冷氣機	1 能認識冷氣機 1-1 能認識冷氣機的正確用途。 2 能夠使用及維護 2-1 能正確的插上、拔掉冷氣機的插頭。

	2-2 能正確的控制冷氣機。 2-3 能正確的使用遙控器控制冷氣機。 2-4 不用時能擦拭乾淨。 2-5 故障時能夠打電話向服務人員尋求協助。
烤麵包機	1 能認識烤麵包機 1-1 能認識烤麵包機的正確用途。 2 能夠使用及維護 2-1 能正確的插上、拔掉烤麵包機的插頭。 2-2 能正確的把吐司放入烤麵包機。 2-3 能正確的使用烤麵包機。 2-4 能維持烤麵包機的清潔。 2-5 故障時能夠打電話向服務人員尋求協助。
飲水機、熱水瓶	1 能認識飲水機、熱水瓶 1-1 能認識飲水機的外型。 1-2 能認識飲水機的正確用途。 1-3 能認識熱水瓶的外型。 1-4 能認識熱水瓶的正確用途。 2 能夠使用及維護 2-1 能正確的插上、拔掉飲水機、熱水瓶的插頭。 2-2 會把水倒入飲水機、熱水瓶內。 2-3 能正確的使用飲水機、熱水瓶。 2-4 會用柔布擦拭外部，用水清洗內部。 2-5 故障時能夠打電話向服務人員尋求協助。
吹風機	1 能認識吹風機 1-1 能認識吹風機的正確用途。 2 能夠使用及維護 2-1 能正確的插上、拔掉吹風機的插頭。 2-2 能正確的使用吹風機。 2-3 不用時能收拾整齊。 2-4 故障時能夠打電話向服務人員尋求協助。
微波爐	1 能認識微波爐 1-1 能認識微波爐的正確用途。 2 能夠正確使用及維護

		2-1 能正確的插上、拔掉微波爐的插頭。 2-2 能熟悉重要的功能鍵。 2-3 能熟悉常用食品的烹調時間。 2-4 能正確的使用並注意安全。 2-5 能保持內部清潔。 2-6 故障時能夠打電話向服務人員尋求協助。

表 3-16　次領域：三、居家生活　　綱目：（四）居家安全

項目	細目	教學目標
危險物品的認識與防範	尖銳	1 能認識有尖銳狀的家中用品 1-1 能認識尖銳狀。 1-2 能說出五種以上有尖銳狀的家用品。 1-3 能熟練正確的使用方法。 1-4 能注意安全。
	有毒	1 能認識有毒的家中用品 1-1 能認識有毒物質的種類。 1-2 能說出五種以上有毒性的家用品。 1-3 能熟練正確的使用方法。 1-4 能注意安全。
	易燃	1 能認識具易燃性的家中用品 1-1 能說出五種以上具易燃性的家用品。 1-2 能熟練正確的使用方法。 1-3 能注意安全。 2 能學會處理意外事件的方法 2-1 能認識滅火器。 2-2 能正確的使用滅火器。 2-3 能夠打電話報警處理。 2-4 會說出如何逃生。
	易損壞	1 能認識具損壞性的家中用品 1-1 能說出五種以上具損壞性的家用品。 1-2 能熟練正確的使用方法。 1-3 能注意安全。

	藥物	1 能認識家中的藥物 1-1 能說出五種以上常見的家用藥物。 1-2 能熟練正確的使用方法。 1-3 能注意安全。
意外事件的處理	割傷	1 能正確的處理意外事故 1-1 能學會使用醫療藥品。 1-2 能學會包紮。 1-3 能通知他人或送醫急救。
	燙傷	1 能正確的處理意外事故 1-1 能說出燙傷的地方或物品。 1-2 能說出避免燙傷的方法。 1-3 能說出燙傷的急救步驟。
	跌傷	1 能正確的處理意外事故 1-1 能學會使用醫療藥品。 1-2 能學會包紮。 1-3 能通知他人或送醫急救。 1-4 若骨折時能夠不移動及通知救護車。
	中毒	1 能正確的處理意外事故 1-1 能說出易中毒的物品與地方。 1-2 能說出避免中毒的方法。 1-3 能說出中毒的急救步驟。
	災害	1 能正確的處理意外事故 1-1 能認識各種天然災害。 1-2 能看新聞說出有颱風或豪雨的天氣。 1-3 能做好門窗保護及購買日常家用品。 1-4 能說出地震時的避難場所。 1-5 能說出其他災害的名稱與因應之道。

總之，智能障礙之教育目標在於提供適合其能力之教育，充實生活知能、發展健全人格、實施職業陶冶與職業訓練、培育社會適應能力，以養成自立自主的國民，進而成為造福社會之公民。而達成此一目標，莫不仰賴提供適性之課程。職是之故，智能障礙者之生活教育課程設計除了需要符合智能障礙者身心發展和學習特質外，更需要顧及其學習需求和其家庭之需求。換言之，教師或家長實施智能障礙者之生活教育時，應以學生需求和家庭需求為中心，如此才能使智能障礙者和家庭獲得實質之益處；而以上所述之課程模式，正可做為規劃和設計智能障礙者之生活教育時之參考。

肆

生活自理技能教學要項與工作分析

一、生活自理技能教學要項
二、工作分析

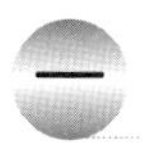 生活自理技能教學要項

陳榮華（民 82）指出，生活自理技能之訓練，對正常兒童來說是屬於家庭教育的課題；但對中、重度智能不足兒童來說，應該是屬於最重要的特殊教育課題。因為中、重度智能不足兒童若不能有效處理身邊自理事務，不僅無法參與學校的學習生活，而且容易引發不適應現象。中、重度智能不足兒童的教育課程可包括知動訓練、語言發展、生活自理技能訓練、藝能活動（包括唱歌、繪畫、遊戲等）、簡易的讀寫算，以及職業陶冶等等領域。這些領域之間往往有重疊的部分，故應以生活自理技能訓練為核心，配合實施其他領域的教學。生活自理技能教學的範圍相當廣泛，包括教導自行飲食技能、穿著儀容、個人衛生習慣、排泄、睡眠、以及處理輕微傷害及疼痛等六大類，而每一類又可分成若干細目。茲試擬其範圍及類目架構如下（陳榮華，民 82）：

㈠飲食技能類

可大略分成吃與喝兩大類：

1. 吃方面

⑴使用餐具：①使用湯匙；②使用筷子；③使用刀叉。

⑵吃東西：①流質食物；②半固體食物；③固體食物。

⑶用餐過程：①餐前的準備：搬運餐具、分配餐具；②用餐禮儀：使用餐巾、坐姿、咀嚼；③餐後的處理：搬運餐具、洗餐具、收拾餐具。

2. 喝方面

⑴使用飲器用具：①使用杯子；②使用吸管；③使用奶瓶；④使用飲水器。

⑵飲用飲料：①飲用水；②飲茶；③飲牛奶或果汁；④喝菜湯；⑤泡茶葉；⑥沖牛奶；⑦沖咖啡。

㈡穿著儀容類

可分成穿、脫及整理衣著等三類：

1. 穿方面

⑴穿衣：①穿大衣；②穿上衣；③穿套頭衣；④穿內衣。

⑵穿褲：①穿短外褲；②穿內褲；③穿長外褲。

⑶穿裙子：①運動裙；②短裙；③長裙。

⑷穿鞋：①穿套鞋；②穿繫帶鞋；③穿拖鞋。

2. 脫方面

⑴脫衣：①大衣；②上衣；③套頭衣；④內衣。

⑵脫褲：①短外褲；②內褲；③長內褲。

⑶脫裙子：①運動裙；②短裙；③長裙。

⑷脫鞋：①套鞋；②繫帶鞋；③拖鞋。

⑸脫襪子：①短襪；②長襪。

3. 整理衣著

⑴操作鈕扣：①打開鈕扣；②扣住鈕扣。

⑵操作拉鍊：①打開拉鍊；②拉上拉鍊。
⑶操作腰帶：①繫上腰帶；②解開腰帶。
⑷折疊衣褲：①折疊衣服；②折疊褲子。
⑸收拾衣著：①掛在衣架上；②放進衣櫥；③放進洗衣機。

㈢清洗及衛生習慣

分成清洗及衛生習慣兩大類：

1.清洗

⑴洗手：①雙手；②單手；③使用毛巾；④使用肥皂。
⑵洗臉：①用雙手；②用毛巾；③用面皂。
⑶漱口：①口腔內；②喉頭。
⑷洗滌：①用浴盆；②用淋浴；③用毛巾乾洗。
⑸洗頭：①短頭髮；②長頭髮。
⑹刷牙：①餐後；②起床後；③就寢前。

2.衛生習慣

⑴擦鼻涕：①擤鼻涕；②擰鼻涕。
⑵修指甲：①手指甲；②腳指甲。
⑶梳理頭髮：①短髮；②長髮。
⑷月經處理（限女性）。

㈣排泄

可分為如廁前準備、如廁動作及如廁後處理等三大類：

1. 如廁前準備

⑴意願表示：①手勢；②語言。
⑵男女廁所辨別：①圖形符號；②文字。
⑶熟練穿脫內外褲：①穿；②脫。

2. 如廁動作

⑴走進廁所：①打開門；②鎖門。
⑵坐（或蹲）在便器上：①坐姿；②蹲姿。
⑶排泄動作：①排便；②排尿。

3. 如廁後處理

⑴擦拭肛門：使用衛生紙。
⑵沖洗便器：①拉式開關；②壓式開關。
⑶走出廁所：①開門；②洗手。

㈤睡眠

可分成就寢及起床兩大類：

1. 就寢

⑴準備寢具：①更換睡衣；②鋪設寢具。
⑵按時就寢：①辨別就寢時間；②設定起床時間。

2. 起床

⑴定時起床：①辨別起床時間；②調撥鬧鐘。

⑵收拾寢具：①折疊被褥；②掛妥睡衣。

㈥輕微傷害及病痛的處理

可分成察覺痛楚、噁心及其處理方式：

1. 察覺身體部位的痛楚

⑴用身體語言表示痛楚。
⑵用語言表示痛的部位及程度。

2. 察覺噁心感及倦怠感

⑴用身體語言表示。
⑵用語言表示。

3. 輕微傷害及疼痛之處理

⑴外傷：①擦拭紅藥水；②貼藥布（沙隆巴斯）。
⑵感冒：①告訴家人；②依照醫生指示服藥。

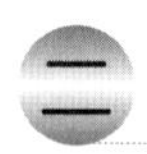

二 工作分析

每項生活自理技能都由許多的「次級技能」（sub-skill）所組成。工作分析乃是以科學方法將某項技能予以細步化，分成若干次級技能，有系統的排列其學習層次，每一層次再以若干具體明確的行為目標來標示，遵照編訂的學習層次，依序逐步指導智能障礙兒童學習，學習效果頗為顯著（蔡阿鶴，民 79）。茲以「洗臉」和「穿褲子」為例說明如下：

「洗臉」技能工作分析範例：

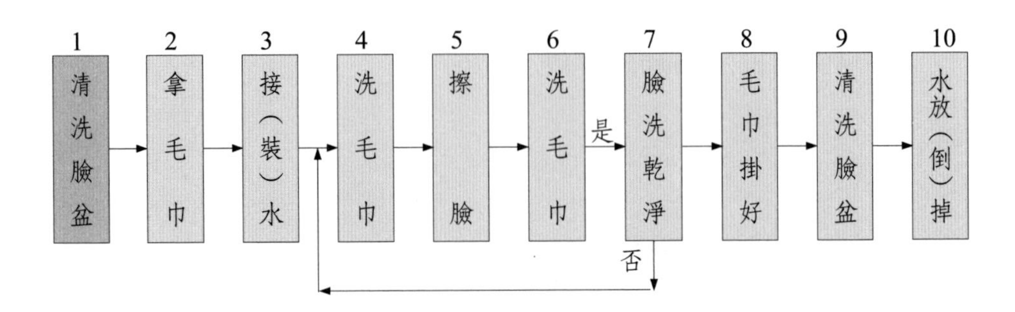

以「拿毛巾」這項次級技能為例，其明確的行為目標是：

㈠知道毛巾掛在哪裡。

㈡知道自己的毛巾是哪一條。

㈢拿自己的毛巾在手上。

以「洗毛巾」為例，可再細分其步驟如下：

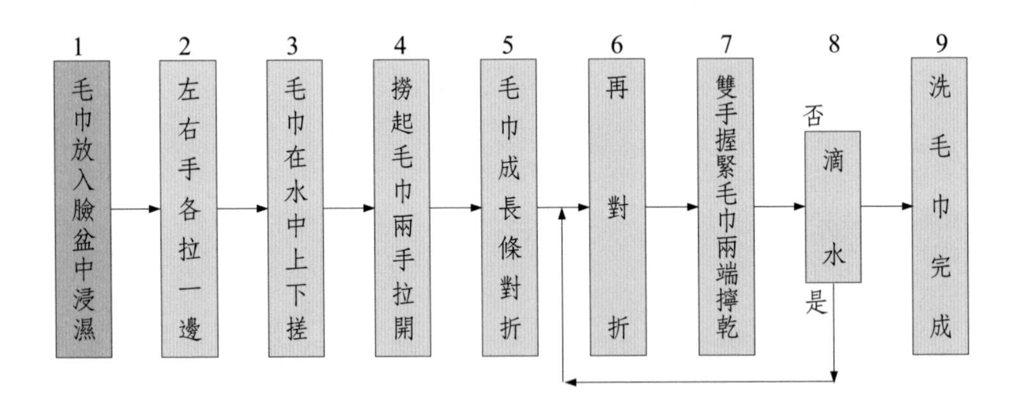

「穿褲子」技能工作分析範例：

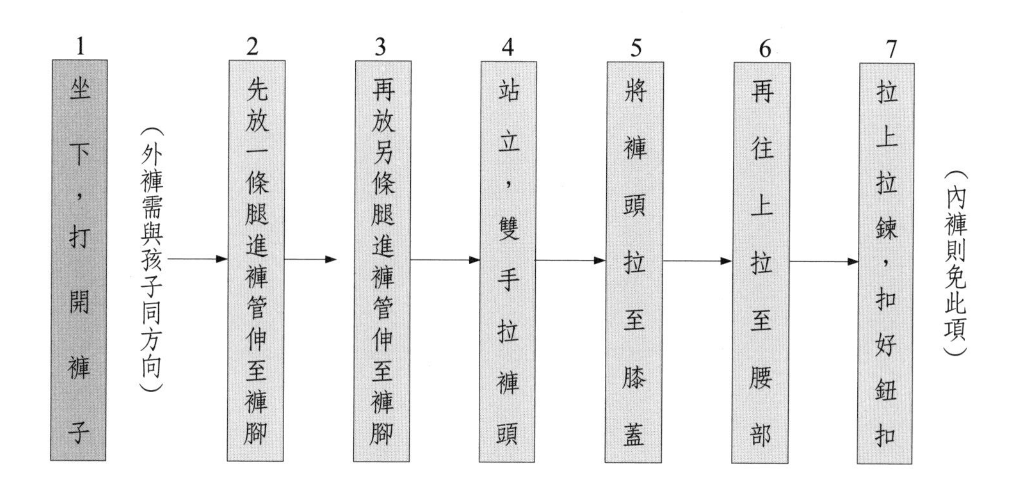

「穿汗衫」技能工作分析範例：

穿件汗衫只是舉手之勞，詳加細分，則有下列六個步驟：

㈠將汗衫平放於桌面，與小孩同方向，汗衫的背面朝上。

㈡兩手伸入汗衫內，左右手分別伸向兩袖，手掌伸出袖口外。

㈢舉起汗衫，套向頭頂，伸出頭部；汗衫的領口在頸部。

㈣伸出左右兩手臂。

㈤抓住汗衫下緣，拉至胸部。

㈥再繼續往下拉至腰部。

每一種生活自理技能均可以細目化、項目化，以及系統化的加以排列，俾使訓練時依序教導。具體而言，特殊教育教師可將每一種生活自理技能轉換成生活教育——單元活動設計（如附錄一）及生活訓練活動設計（如附錄二）（省立台南師範學院特殊教育系，民 79）。

伍

生活自理之評量

生活自理評量（self-care assessment）主要目的在於瞭解孩童生活自理發展的狀況，發現孩童生活自理的需要，進而設計適性的課程與教材，運用各種教學方法與策略訓練及教導。換言之，確實瞭解孩童生活自理技能，乃為有效教學之首要工作，不可或缺的重要步驟。

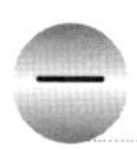

一 生活自理評量

生活自理評量，包含精熟度（mastary）和動機（motivation）（Baker & Brightman, 2004）：

㈠精熟度

精熟度之評定，包括基本步驟不熟練、需要協助、獨立完成。

1. 不熟練

孩童無法完成每一步驟，需要再學習。

2. 需要協助

孩童能夠完成基本步驟，但是需要協助，例如：要做某一項技能時，需要口頭告知；或者需要教材協助。

3. 獨立完成

孩童表現良好，能獨立完成，不需任何協助。

(二)動機

動機係指孩童生活自理是否有問題存在，可分為有問題與沒有問題：

1. 有問題

若不加以催促或誘發，孩童無法達成；換言之，他（她）需要誘導。

2. 沒有問題

係指老師與父母不需要特別激勵，孩童即能完成。

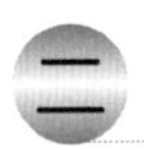 生活自理評量表

有關生活自理評量表，如表5-1～表5-14所示。（Baker & Brightman, 2004）：

表5-1　喝開水評量表

生活自理評量					
喝開水	精熟程度			動　機	
	1	2	3	1	2
	不熟練	需要協助	獨立完成	有問題	沒問題
能表示想喝水					
能找到裝水容器或開飲機					
能分辨是否是生水					
能將杯子或裝水容器對準水口					
能把水倒入杯中					

如果是開飲機教他用按壓方式倒水					
如果是容器則對準水口後，順勢往下將水倒出					
能用手把杯子拿到嘴邊					
能把杯子對準口					
手往上抬將水緩慢倒入口中					
雙手不便者教其使用吸管					
能將吸管插入容器					
能將吸管對準口					
將水吸入口，以小口小口喝為原則					

表 5-2 喝茶評量表

生活自理評量					
喝茶	精熟程度			動機	
	1	2	3	1	2
	不熟練	需要協助	獨立完成	有問題	沒問題
能用左手打開茶蓋					
能將壺口放置於水龍頭正下方					
能用右手開水龍頭					
能裝入適量的水					
能用右手將水龍頭關緊					
能用雙手拿起茶壺					
能將茶壺放置於瓦斯爐的正上方，並緩緩輕輕放於瓦斯爐上					
能辨認瓦斯爐開與關的正確方向					

能用右手將開關壓下，轉至開啟處，打開爐火					
能在旁等候					
能聽到嗶響之後立即用右手將開關壓下至關閉處，關閉爐火					
能用左手環抱住茶筒，右手將筒蓋夾住，垂直拔起					
能用手加入想要份量的茶葉					
能靜候壺內的茶水約三分鐘，待茶味滲入水中					
能用雙手拿起茶壺					
能用眼睛瞄準茶杯中央，倒入適量的茶水					
能將茶壺放置回原位					
能用手將杯子拿至嘴邊					
能用手傾斜杯子，用嘴巴小口飲用，以測試茶水溫度					
能在茶水稍燙時，用嘴巴輕吹，幫助降溫					
能夠在茶水太燙時，先將杯子放置回桌面，待會再喝					
能留意茶溫，用嘴巴適量飲用					

表 5-3 喝咖啡評量表

生活自理評量					
喝　咖　啡	精熟程度			動　機	
	1	2	3	1	2
	不熟練	需要協助	獨立完成	有問題	沒問題
能夠用雙手拿起茶壺					
能夠用左手打開壺蓋					
能夠用雙手將壺蓋口放置於水龍頭下方					
能夠用右手打開水龍頭					
能夠裝入適量的水					
能夠用右手將水龍頭關緊					
能夠用雙手拿起茶壺					
能夠用眼睛對準火爐，並用手將茶壺放入					
能夠用眼睛找到開關處					
能夠判斷開與關的正確方向					
能夠用右手由開啟的方向打開爐火					
能夠在旁等候					
能夠用耳朵聽見嗶響立即到開關處					
能夠判斷開與關的正確方向					
能夠用右手由關閉的方向關掉爐火					
能夠用右手拿起罐子					
能夠用左手打開瓶蓋					
能夠用左手拿起湯匙					
能夠用手舀出想要份量的咖啡					
能夠用雙手拿起茶壺					

能夠依杯子的大小用手適量的將水倒入					
能夠用手將茶壺放回原位					
能夠用手加入想要份量的奶精					
能夠用手加入想要份量的糖					
能夠用手均勻攪拌					
能夠用雙手拿起杯子					
能夠用手將杯子拿至嘴邊					
能夠用手輕輕傾斜，並用嘴巴小口飲用，以測試溫度					
能夠留意溫度，用嘴巴慢慢飲用					

表 5-4 盛飯評量表

生活自理評量					
盛　　飯	精熟程度			動　機	
	1	2	3	1	2
	不熟練	需要協助	獨立完成	有問題	沒問題
辨認電鍋					
用左手拿飯碗，並且走到電鍋前					
用右手大拇指按下鍋蓋扶手上的按鈕					
順勢將鍋蓋由下而上開啟					
將鍋蓋固定好					
辨認何為飯匙					
用右手拿起飯匙，手握握柄					
左手拿碗，右手拿飯匙					
舀一次，約三分之一碗飯量					

舀第二次，飯量同上					
用右手握住鍋蓋上的扶手處					
順勢蓋上鍋蓋					

表 5-5 用湯匙喝湯評量表

生活自理評量					
用湯匙喝湯	精熟程度			動機	
	1	2	3	1	2
	不熟練	需要協助	獨立完成	有問題	沒問題
能將右手小指、無名指、中指併攏					
能將此三指成彎曲狀					
能左手拿起湯匙					
能將湯匙柄部調整方向，使之末端靠在右手虎口上					
能將食指輕輕靠在湯匙柄部之側邊					
能將拇指自然的輕壓下去，並將左手放開					
能將湯匙放入湯中					
能將湯匙裝滿湯					
能慢慢將湯匙平行拿起					
能張開嘴巴					
能將湯匙內側靠在嘴巴					
能將湯匙傾斜四十五度					
能將湯倒入口中					
能將湯吞下					

表 5-6 擠牙膏評量表

生活自理評量					
擠　牙　膏	精熟程度			動　機	
	1	2	3	1	2
	不熟練	需要協助	獨立完成	有問題	沒問題
能走到放牙膏、牙刷的地方（如：浴室）					
能拿起牙膏（會握）					
能捏住蓋子					
能旋轉、開蓋					
全鬆，會拿開蓋子					
半鬆，會轉開					
蓋緊，會用力轉開					
能擠出牙膏					
能拿起牙刷					
能把牙膏對準牙刷刷毛處					
能將牙膏對準牙刷刷毛處擠出來					
能控制牙膏的量					
能熟練並自己完成動作					

表 5-7 刷牙、洗臉評量表

生活自理評量					
刷牙、洗臉	精熟程度			動　機	
	1	2	3	1	2
	不熟練	需要協助	獨立完成	有問題	沒問題
能用左手去拿漱口杯					
能用右手打開水龍頭，將杯中裝滿水					

能將漱口杯放置旁邊					
能右手拿牙膏，左手拿牙刷					
能將牙膏擠在牙刷上					
能將牙膏蓋蓋好					
能用右手拿牙刷，從上排右邊牙齒開始刷，由上往下兩顆、兩顆刷					
能左右來回刷上排臼齒					
能刷下排牙齒，由下往上兩顆、兩顆刷					
能左右來回刷下排臼齒					
能喝一口水，將水含在口中漱口，再將泡泡吐出，能重複五至六次					
能將牙刷洗淨					
能將杯子洗淨，先洗裡面，再洗外面					
能將杯內水倒乾，掛好					
能將衣袖拉高					
能拿手巾					
能將水龍頭打開					
能將毛巾弄濕					
能將毛巾對折，擰乾					
能將毛巾打開					
能用毛巾來回上下的擦拭臉部					
能用毛巾擦耳朵和脖子					
能將毛巾搓洗乾淨					
能照鏡子，看看是否擦拭乾淨					
如果不乾淨，能再洗一次					
能將毛巾洗好掛回原位					

表 5-8　洗頭髮評量表

生活自理評量					
洗　頭　髮	精熟程度			動　機	
	1	2	3	1	2
	不熟練	需要協助	獨立完成	有問題	沒問題
能用眼睛看著水龍頭					
能用手將水龍頭打開					
能將頭放到水龍頭下方					
能用手將全部頭髮打濕					
能用手將水龍頭關起來					
能用手將頭髮中水擠出					
能用手拿起洗髮精					
能用手指將洗髮精打開					
能用手將洗髮精倒在另一手手掌上					
能用右手將洗髮精放回原位					
能用手將另一手掌中的洗髮精搓幾下					
能將手上的洗髮精抹到頭髮上					
能用手指將頭髮的每一部分都搓到有泡沫出現					
能用扒刷由前往後刷，再由髮根處向上刷					
能用眼睛看著水龍頭					
能用手打開水龍頭					
能將頭放在水龍頭下，並將下巴往下收					
能用手撥動自已的頭髮，讓頭髮每一部分都沖洗到水					

能用手摸頭髮有無滑滑的感覺					
能用手將水龍頭關掉					
能用手拿大毛巾					
能用大毛巾將頭髮包住					
能用手掌搓乾頭髮					
能用眼睛看著吹風機					
能用手拿住吹風機					
能用手拿著插頭塑膠處					
能用手將插頭插入插座					
能用手打開吹風機					
能用吹風機吹著頭髮					
能用手抖動自己的頭髮					
能用吹風機吹到頭髮摸起來沒有冷及濕的感覺					

表 5-9　穿長褲評量表

生活自理評量					
穿　長　褲	精熟程度			動　機	
	1	2	3	1	2
	不熟練	需要協助	獨立完成	有問題	沒問題
能將褲子打開，並使拉鍊開口向前					
能將左腳尖對準褲管左邊的洞					
能將左腳伸進褲管					
能將褲管往上拉，使腳伸出					
能將右腳尖對準褲管右邊的洞					
能將右腳伸進褲管					
能將褲管往上拉，使腳伸出					
站立，雙腳打開二十公分					
雙手拉住褲頭的兩側					

將褲頭拉至膝蓋，再拉至腰部					
將拉鍊往上拉至最上端					
扣好鈕扣					

表 5-10 穿有衣扣長襯衫評量表

生活自理評量					
穿有衣扣長襯衫	精熟程度			動機	
	1	2	3	1	2
	不熟練	需要協助	獨立完成	有問題	沒問題
能把放衣服的櫃子打開					
能用眼睛選出並用手把有扣子、有領子的長袖襯衫拿出					
能用雙手提起有領子的一端，使之在上					
將衣服放置於胸前適當的位置					
能用左手將衣服提著，右手自衣裡右邊袖口穿出					
能將左手自衣裡左邊袖口穿出					
能將衣服拉直					
能用眼睛找出最下面一顆扣子及扣子洞					
能用右手持扣子，左手持扣子洞，將扣子自扣子洞下穿出					
能依序由上至下，將其他扣子，依第一顆扣子的方法扣上					
能用手將褲頭的扣子解開					
能用手將褲頭的拉鍊用手拉住頭拉下					
能將褲子褪至適當的位置					

能將衣服拉直拉稱					
能將褲子拉上，並將拉鍊拉上					
能將褲頭的扣子扣上					

表 5-11 穿長袖T恤評量表

生活自理評量					
穿長袖T恤	精熟程度			動機	
	1	2	3	1	2
	不熟練	需要協助	獨立完成	有問題	沒問題
能指出有標籤的部分是反面					
能指出沒有標籤的部分是正面					
能將衣服的正面朝下					
能將右手伸進右邊袖子					
能將左手伸進左邊袖子					
能將雙手伸入衣領					
能用雙手將衣領撐大					
能將頭伸進衣領中					
能將衣領向下拉至頸部					
能將衣服向下拉					
能將袖子拉直					
能走到鏡子前					
能看出是否有皺摺					
能將皺摺拉平					

表 5-12　穿短襪評量表

穿　短　襪	生活自理評量				
	精熟程度			動　機	
	1	2	3	1	2
	不熟練	需要協助	獨立完成	有問題	沒問題
坐在椅子上（或地板上）					
能將兩隻襪子放在腳前					
能將右腳擱置左腿上					
能拿起一隻襪子					
能將雙手拇指伸入襪口					
能將四指合作抓襪口					
能將兩手撐開襪口，對準腳趾					
能將襪子套入腳尖					
能拉襪子過腳跟，至腳踝					
能把襪子往上拉至小腿					
能整理襪子（確實使襪子腳跟、腳趾部分在適當位置）					
重複步驟，穿另一隻襪子					

表 5-13　穿拉鍊式的長外套評量表

穿拉鍊式的長外套	生活自理評量				
	精熟程度			動　機	
	1	2	3	1	2
	不熟練	需要協助	獨立完成	有問題	沒問題
能用雙手將外套拿起					
能用眼睛尋找外套拉鍊的地方					
能將外套有拉鍊的那一面，面向自己					
能用雙手抓住外套的領口兩側					

能將左手放開					
能將左手伸入右手抓住的領口下方的袖子裡					
能將右手順左手手臂往上拉至脖子處					
能將右手放開					
能將右手伸向背後					
能用右手拉住外套領子					
能用右手將領子放在右邊肩膀上					
能將右手放開					
能用左手抓住右邊肩膀上的領口					
能將右手伸進右肩下的袖子裡					
能放開左手					
能用雙手抓住拉鍊下端的兩側					
右手抓住的拉鍊尖端處塞進左手抓住的拉鍊凹處					
能放開右手					
能將左手抓住拉鍊下端接合處					
能將右手抓住拉鍊上的拉環					
能將右手往上拉，將拉環拉至胸前，同時左手向下施力					
能放開右手					
能放開左手					

表 5-14　用洗衣機洗衣服評量表

生活自理評量					
用洗衣機洗衣服	精熟程度			動　機	
	1	2	3	1	2
	不熟練	需要協助	獨立完成	有問題	沒問題
辨別洗衣機的位置					
拿起洗衣籃					
走到洗衣機旁					
把洗衣籃放下					
將洗衣機的蓋子掀起					
將自己的腰彎下					
將衣物自洗衣籃中拿起					
將衣物一件一件的放入洗衣機內					
知道洗衣粉放在哪裡					
走到放洗衣粉的地方					
拿起洗衣粉走到洗衣機旁					
將洗衣粉的蓋子打開					
拿起洗衣粉盒內的湯匙					
用湯匙舀起洗衣粉					
加入二匙洗衣粉					
將湯匙放回洗衣粉盒內					
將洗衣粉盒蓋上					
將洗衣粉放回固定的地方					
將洗衣機的蓋子蓋下					
知道洗衣機的開關按鈕在哪裡					
按下洗衣機的開關按鈕					

陸

生活自理技能學習之階段

一、習得

二、流暢性的建立

三、類化

任何的學習均有其不同的學習階段（如圖 6-1），欲使智能障礙學生在學習生活自理技能的過程中獲得良好的學習效果，仍需注意不同的學習階段，尤其教師或父母應遵循每個階段之學習步驟與要領，施教或訓練，方可臻於預期之效果；否則，揠苗助長、事倍功半。有關學習的階段分述如下（Cipani & Spooner, 1994）：

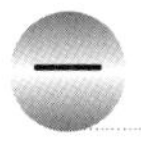

一 習得

習得（acquisition）是學習的第一個階段，主要的目的在學習表現正確的技能。在習得期，特殊教育教師的主要工作是提供學生如何做好學習的項目或目標的步驟等方面的訊息（Haring, Liberty, & White,1980）。這些策略包括引導、演練、身體引導、提示等。

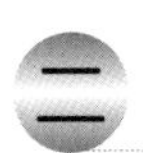

二 流暢性的建立

學習的第二個階段是流暢性的建立（fluency building）。流暢是指持續進行、正確無誤，而且有效率。在流暢期，教師必須針對學生的身心特性、障礙程度、學習風格來實施教學；甚至，運用各種不同的教學策略與方法，引起學生的學習動機與意願；同時，在教學過程中，善用增強原理，如增強、代幣、社會契約等，以促進學生的學習表現。

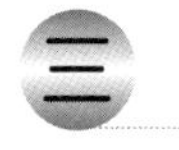

三 類化

學習的第三階段是類化，類化是所有學習中最重要的因素。所謂類化係指學習者能在類似的或自然的情境中，將自己學得的知識或技能加以運用。換言之，在沒有教師教導之情況下，個體仍能處理身邊事務，不藉由他人協助下而能順利完成工作項目。有關類化之教學策略如下（Stokes & Baer's, 1977）：

㈠訓練和期望（train and hope）

教導適當、良好的行為，並期望類化發生。

㈡系統性修正（seguential modification）

無論如何，在任何的情境中，提供全時的輔導（full intervention），致使個體行為產生。

㈢安排自然的行爲後效（introduce to natural contingencies）

所教導的行為，能在自然環境中受到增強。

㈣提供實例

為使學生建立良好的行為，教師必須在各種不同的情境加以訓練；同時，藉由不同的老師或訓練員指導學生學習。

㈤提供適性之訓練

針對每位學生之個別差異、學習特性，提供持續且富有彈性、活潑、變化之訓練方式。

㈥運用區別之行為後效法

即使用間歇性或變動比率之增強方式，藉以引起學習者之學習動機和慾望。

㈦共同刺激之運用

訓練的情境與真實或自然環境相似，如此，有助於學生類化。

㈧自我管理（self-management）

教導學生監督和記錄自己行為的方法。

㈨增強類化行為

當學生在其他情境表現出良好的行為或塑造出適當的新行為時，即給予增強。

另外，根據鈕文英（民 91）與 Evans, Evans & Schmid（1989）之觀點，學習階段可分為獲得（acquisition）、流暢（fluency）、精熟（precision）、維持（maintenance）、類化（generalization）和調整（modified）等六個階段，如階梯般逐步向上，而在不同的階段中，均有不同的目標，如圖 6-2 所示。

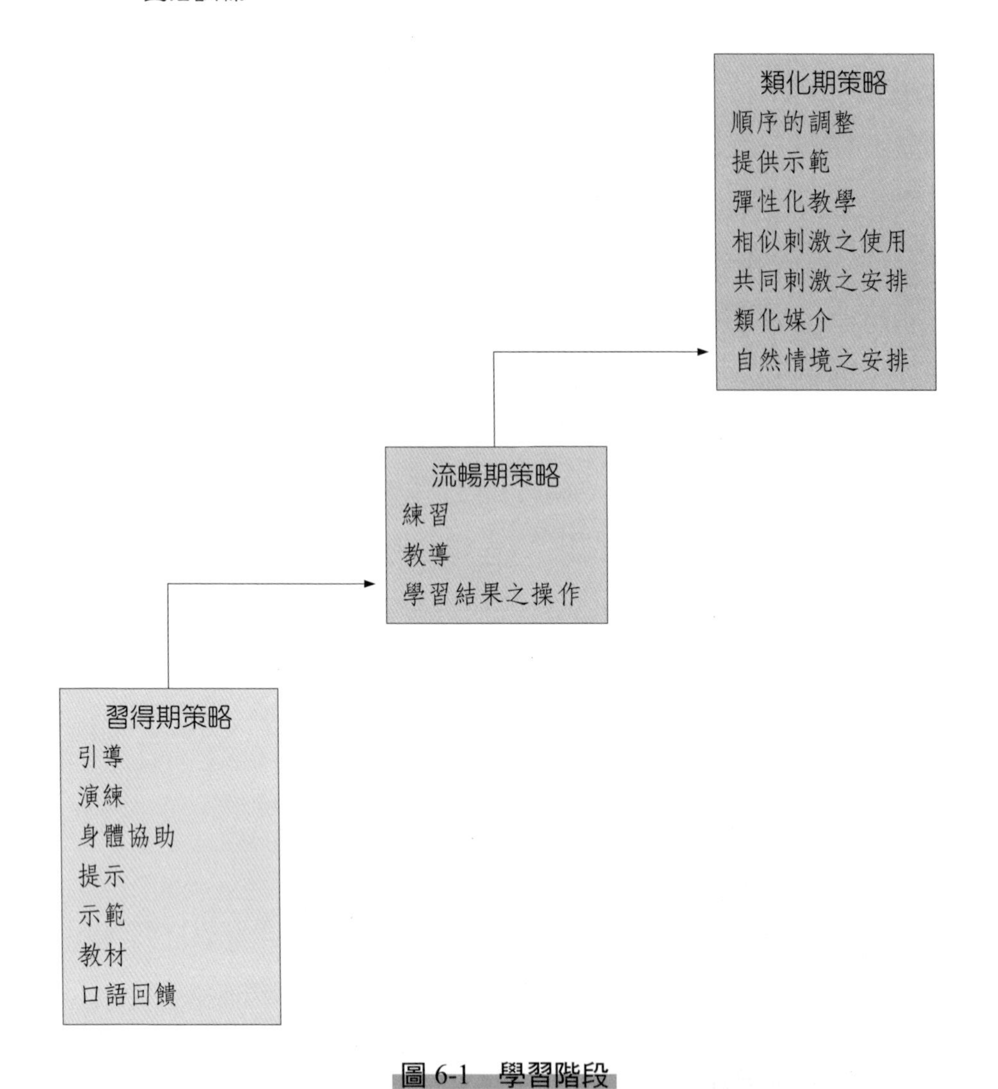

圖 6-1　學習階段

資料來源：*Curriculum and instructional-Approaches for persons with severe disabilities* (p.74), Cipani & Spooner, 1994, New York: Allyn and Bacon.

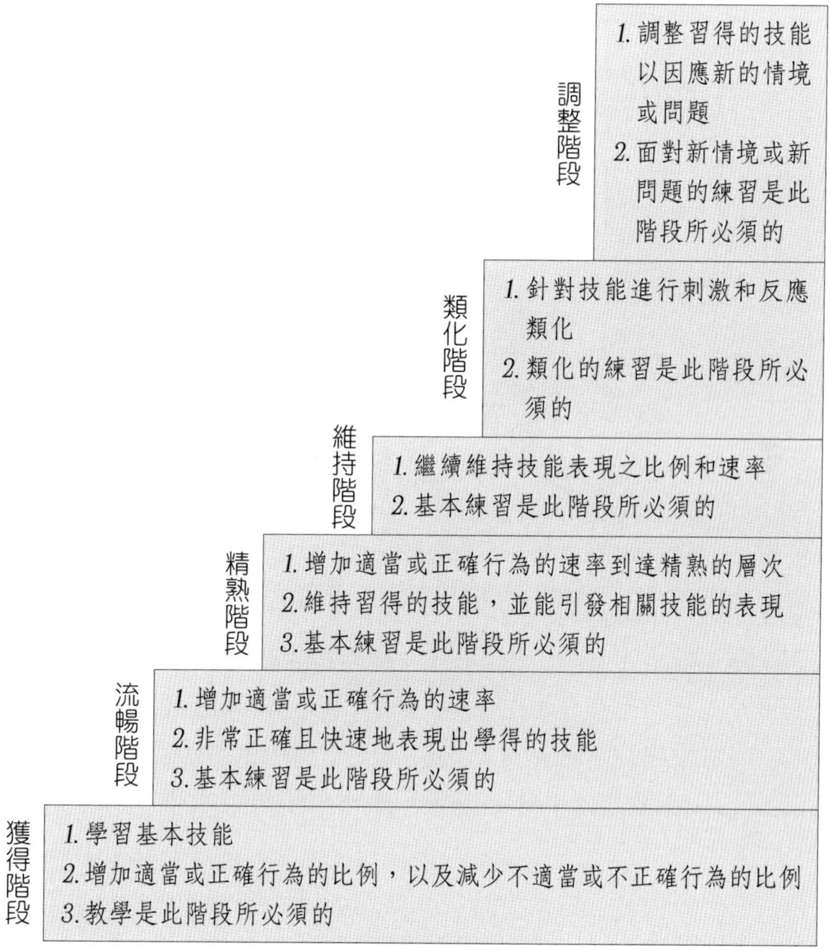

階段	內容
調整階段	1. 調整習得的技能以因應新的情境或問題 2. 面對新情境或新問題的練習是此階段所必須的
類化階段	1. 針對技能進行刺激和反應類化 2. 類化的練習是此階段所必須的
維持階段	1. 繼續維持技能表現之比例和速率 2. 基本練習是此階段所必須的
精熟階段	1. 增加適當或正確行為的速率到達精熟的層次 2. 維持習得的技能，並能引發相關技能的表現 3. 基本練習是此階段所必須的
流暢階段	1. 增加適當或正確行為的速率 2. 非常正確且快速地表現出學得的技能 3. 基本練習是此階段所必須的
獲得階段	1. 學習基本技能 2. 增加適當或正確行為的比例，以及減少不適當或不正確行為的比例 3. 教學是此階段所必須的

圖 6-2　學習階段

資料來源：啟智教育課程與教學設計（頁 158），鈕文英，民 91，高雄：國立高雄師範大學特教中心。

上述兩個學習階段圖（圖 6-1、圖 6-2）之啟示，在於指導或訓練智能障礙學童生活自理能力時，教師或父母需循序漸進、按步就班地實施，由獲得、流暢、精熟、維持、類化和調整等六個階段逐步進行；同時；需根據學童之認知能力、生理發展及學習動機，實施教學，如此方可達成預期目標。

柒

如廁訓練

一、如廁技能之要項

二、紀錄

三、大便的訓練

四、小便的訓練

五、訓練生活自理技能的通則

大部分的一般嬰兒約兩歲左右就能控制小便，而到兩歲半時晚上就可不需包尿布。有些幼兒會控制小便後，白天玩得很開心或過於專心時，偶爾也會尿濕褲子，此種情形常常發生在三歲半左右的幼兒，過了四歲後就很少了。父母或教師遇到此種情況時，不可責備或嘰笑孩童，可在適當的時間提醒他們。

有關夜間小便訓練，母親可在適當的時間提醒；如孩子小便了，可在第二天晚上提早叫醒他小便；相反地，如叫醒他沒有小便，則可往後延長時間。如此就可在晚上適當時間叫醒而自然地晚上就不需包尿布了。人體吃進各種食物，經過消化吸收後，需將其渣滓廢物排出體外，主要的排泄物就是大小便。智能障礙孩子常有大小便失禁的現象，此乃父母深感棘手的問題。所以，如廁訓練遂成為智障兒的重要學習要項。排泄習慣的培養，應開始於嬰幼兒期，而以孩子生理器官的成熟為先決條件，經由合理、漸進、溫和的訓練，良好的排泄習慣始可養成（蔡阿鶴，民77）。

不僅對一般學童，對具特殊需求之學童，以及智能障礙學童而言，如廁訓練是必須學習的重要技能。基本上，如廁訓練並非易事，而且，難以一蹴而成；反之，需要每天循序漸進地建立一些技能，逐步養成，終而能獨立自制如廁。

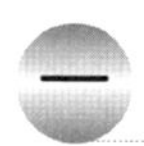 一 如廁技能之要項

一般而言，如廁所需要的技能如下（Baker & Brightman, 2004）：

㈠瞭解如廁之需求。

㈡稍能等待排泄。

㈢進入廁所。

㈣解開褲子。

㈤蹲或坐在便池或馬桶。

㈥排泄。

㈦乾淨地擦拭。

㈧穿好褲子。

㈨完成如廁。

㈩洗手。

⼗⼀擦或吹乾雙手。

或許有些孩童已經學會上列的一些技能，當老師或父母藉此訓練方案進行如廁技能時，則必須隨時提供任何機會給孩童完成這些技能。但是，要特別注意的是，並非每位孩童均能一次地且順利地學好上列的某一種技能，可能有些孩童需要一次又一次地加以訓練後才會學得某一種技能。因此，老師和父母必須一步一步地、循序漸進地協助孩童練習或訓練，方可順利地達成。

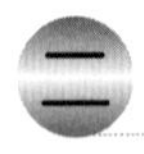 紀錄

在如廁訓練中最重要的步驟是發現孩童排泄的型式或習慣，換言之，孩童每天褲子會濕的時間。當老師、父母瞭解了孩童尿褲子的時間之後，就可以開始設計系統性的方案來訓練如廁之技能。當已瞭解孩童的排泄習慣後，老師與父母則需紀錄孩童兩個星期之小便和大便的情形，必須開始著手訓練。至於，在利用兩個星期做觀察與紀錄過程中，需注意的事項如下（Baker & Brightman, 2004）：

㈠持續兩個星期的觀察與紀錄，如果尚未開始進行如廁訓練，則暫時不必開始實施。如果已經開始訓練了，則需紀錄是否孩童是小便或是大便；或者，坐在便器上而並未排泄。

㈡檢查孩童早上起床時，褲子是否濕的或是乾的；或是孩童已在他

（她）的尿布上大便了。

㈢一小時後再次檢查，繼續每小時檢查，直到上床為止。

㈣每次做紀錄褲子是否乾的或濕的，或是已經排便了。

㈤檢查後即換尿布。

為了確實能瞭解孩童排泄的習慣，老師或父母可做如下的紀錄。如果褲子是乾的，則在「褲子」欄上，記「○」之符號；如果褲子濕了，則在「褲子」欄上，記「X」之符號；如果有大便，則記以「大便」；若是濕了且又大便，則記以「小／大」之符號。

其次，如果上了廁所而並未排泄，則在「廁所」欄上記以「X」；如果有小便，則記之「小」；如果大便，則記之「大」；如果兩者皆有，則記之「小／大」。

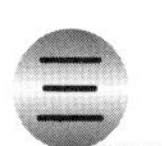

三 大便的訓練

每天早上進食後，就要孩子到廁所排便，這種習慣愈早訓練愈好。而且這方面只要母親執行，就可順利達成目標。

有些孩子害怕上廁所，歸咎原因，極可能是怕馬桶沖水聲，或是害怕黑色的馬桶蓋……。如果真正原因在此，那麼在訓練其排泄習慣的養成，不妨暫時讓他坐在便桶上進行，然後便桶位置逐漸挪進廁所。有些孩子習慣在廁所以外的地方或是洗澡時排泄，這多半是母親未重視所致，因此必要時，應該一邊具體教導一邊矯正。

表 7-1 排泄紀錄表

排泄紀錄

姓名：______

開始日期：______

	1		2		3		4		5		6		7	
時間	褲子	廁所	褲子	廁所	褲子	廁所	褲子	廁所	褲子	廁所	褲子	廁所	褲子	廁所
7:00														
8:00														
9:00														
10:00														
11:00														
12:00														
1:00														
2:00														
3:00														
4:00														
5:00														
6:00														
7:00														

資料來源：修正自 *Toilet training* (p.27), Baker, B. L., & Brightman, A. J., 2004, Baltimore: Paul H. Brookes Publishing Co.

	6月5日	
	星期一	
時間	褲子	廁所
7:00	X	X
8:00	○	
9:00	X	X
10:00		
10:30	小／大	
11:00	X	

大便訓練可用下列步驟實施（Baker & Brightman, 2004）：

㈠在尿布解便

一般而言，大多數孩童大便的訓練是從尿布排解開始，等到孩童逐漸長大後，再慢慢地，逐漸地誘導孩童到小便池排解。因此，當孩童在尿布大便時，即設法誘導孩童到浴室排便，避免使孩童覺得不舒服而焦躁不安，此時，老師和父母千萬不可責罵，甚至處罰孩童，否則，孩童可能利用這種方式引起注意。因此，老師和父母應將注意力集中在孩童到廁所大便之行為上。

㈡瞭解孩童的訊息

當已瞭解了孩童的排便習慣之後，就可以開始訓練孩童在規定的時間排便。然而，老師與父母需先瞭解當孩童想要大便時所發出的訊息，如「嗯！嗯！」、「便便」，或其他任何的訊息，如摸屁股、摸肚子、滿臉通紅、安靜的使力狀……等；換言之，身為老師及父母必須設法瞭解這些訊息，如此方能有效地進行。同時，即便孩童解便的時間並非是原先規定的時間，但是，老師與父母亦需詳盡地加以記錄。

㈢建立成功的步驟

在訓練的過程中，老師或父母必須提供或安排孩童成功的機會，以及讓他（她）感到舒服、愉悅的經驗，如此，會促使孩童覺得排便是快樂的一件事，而不是痛苦的。

㈣一致性

一致性係指排便的時間儘可能的一致性或穩定，如此，始可預知下次排便的時間。因此，在訓練的過程中，老師或父母需在每天固定的時間，誘導孩童排解，不可隨便更動時間；而且，儘可能的在相同的地點，以相同的口語，或相同的訊息，誘導與提醒孩童排便。

㈤選擇適當的便器

便器之適合性、舒適感及安全性亦為促使孩童喜歡或願意排便之重要因素之一。尤其，對年幼的孩童而言，便器的選用，需考量孩童的身體大小與個性。訓練時，需將便器置於固定的地方，如廁所或浴室內，不可隨意放置。

㈥排便空間單純化

排便訓練初期，讓孩童學習及瞭解浴室或廁所不是遊戲室是非常重要的，讓孩童知道廁所是唯一用來排泄的地方。因此，老師或父母需協助其將注意力集中或心力全放在排便上，職是之故，浴室內或廁所內不可放置任何的玩具，避免分心。

㈦避免分心的語言

當孩童在浴室排便時，不可與孩童交談無關的事項，如此只會造成分心、注意力無法集中的現象。

綜合而言，有效的大便訓練步驟如下（Baker & Brightman, 2004）：

1. 先在尿布排便。

2. 瞭解孩童的訊號。

3. 建立成功的步驟

⑴一致性。
⑵使用適合孩童的便器。
⑶避免分心的玩具。
⑷避免分心的交談。

4. 協助排便

⑴當孩童發出訊號時，即帶孩童排便。
⑵叫孩童坐五分鐘。
⑶如果有排便，即增強孩童。
⑷如果沒有排解，則暫時離開浴室十分鐘。
⑸再提供五分鐘回到浴室排便。

5. 獨自在浴室排便

⑴當孩童能維持五分鐘排便並不需協助與口語提醒時，即開始在浴室排便。
⑵適時提供增強。

6. 紀錄

⑴隨時記錄孩童排便的情形。

⑵若排便的時間有變動，亦應加以記錄。

7.評估進步情形

⑴瞭解孩童是否在固定時間排便。

⑵計算孩童排便在尿布及在浴室排便的次數。

⑶隨時提醒增強。

總之，排便訓練的開始，請記住，要孩子的身體，已十分的發達才能收效。需能將排便的生理需求與使用便器相結合才行。家長也應理解，假如行為不能配合生理的排便需求，可能會弄髒衣服而感到不愉快。請改造便器椅子讓孩子能容易使用。便器椅子的大小，要合適。假如是機警的父親，一定會做把合適的便器椅子供孩子使用。有些孩子怕馬桶的沖水聲，有些孩子對水的聲音及便器裡的糞便消失而感到吃驚。讓孩子看父親或母親的排便狀況，將有利於緩和孩子的懼怕。

排便，請每天要定時帶孩子排便，有些孩子習慣於餐後排便，有些孩子以餐後二小時似乎比較合適。鼓勵孩子有生理上排便需求時通知家長。假如行為上表現，面朝著廁所方向或自行脫下褲子或有其他的徵候時稱讚他，雖然在上廁所途中排便，其所表現的生理上排便需求的徵候，亦應受到稱讚的（許澤銘、柯平順、蔡錦德，民 76）。

四 小便的訓練

關於排尿習慣的訓練，要從除去尿布開始。目標是孩子不致有不快感。通常乾尿布會讓孩子感到舒爽，近年來更盛行使用紙尿布，商人的宣傳重點也在此，所以要除去孩子的尿布並不容易，強制執行更非明智之舉。而有些孩子對濕濕的尿布特別具有好感，如果尿布不濕，反而產生不安感，所以要拿掉尿布更加困難。

此時應對方法是先觀察孩子的排尿時間，時間一到，不管尿布是濕與否，一律都要拿掉並到廁所排尿，這種操作動作更要反覆不斷進行，即可減少尿布潮濕的時間，逐漸養成到廁所排尿的習慣。在帶孩子到廁所前，媽媽不妨先開口：「小華，我們去尿尿。」先讓孩子有尿意之意識，也就是事先預告，使其有心理準備。

關於上廁所的禮貌也不容忽視，例如：敲門、擦乾淨、衣服要整理好、按馬桶、洗手、擦乾、把拖鞋排好、關上門……等等，這些動作亦需循序教導（楊鴻儒，民 80）。

有些孩童因控制膀胱的大腦皮質未發育成熟，以及膀胱的括約肌未能自由控制，所以每日小便的次數繁多，個別差異很大。小便的訓練必須配合相關器官的成熟狀況，其指導過程略述如下（蔡阿鶴，民 77）：

㈠細心觀察

在正常飲食情形下，母親應冷眼觀察，大約多久時間會小解一次，每當有尿意或尿濕時，孩子會有何種表情。這些小訊息對日後訓練工作上助益很大。孩童大多穿紙尿褲，做母親的勿以為反正有備無患，就任其尿濕而未加理會，如此將帶給日後訓練上的困擾。務使其經常保持乾爽，習慣於乾爽的舒適感，每遇尿濕，他就會有反應，以便趁機指導。

㈡用擬聲語教導孩童學習用語言表示尿意

每當孩童睡醒或有尿意的訊息時，母親要幫忙在旁邊用「ㄒ－ㄒ－」等擬聲語，配合孩童的排尿，教導其學會用語言表示尿意。只要孩童合作得很好，必須立即予以讚許，以增強其良好的行為。

㈢開始有意的訓練

當孩童器官的成熟狀況可以施以有意的訓練時，指導的要項為：

1. 穿著容易脫下的褲子，男孩則有拉鍊方便解開。

2. 就母親觀察推估所得，每隔一段適當的時間，以溫和的態度，自然的暗示，提醒孩童小便，切勿急躁或勉強，不要忘記適時的稱讚與鼓勵，孩童都懷有不辜負父母的心情。

3. 萬一因貪玩，非故意的尿濕褲子，不要苛責，以免製造緊張、焦慮的情緒。

4. 固定場所，廁所的高度不適合孩童，可代之以便器，放置在廁所適當的角落，養成不隨處小便的好習慣。

5. 正常的小孩約在三歲至四歲，良好的小便習慣自然可以養成。而智障兒可能要花更多的時間來學習，只要父母肯耐心的指導，孩童總有學會的一天。

事實上，身為智能障礙兒童之教師和父母，大可放心讓他們去嘗試學習，由易而難、由簡而繁，在自然的情境下，配合他們的能力從單一、簡易的學習開始，多稱讚，少責罵，給予信心和勇氣，只要耐心的逐項指導、反覆練習，假以時日，他們仍然可以學會很多事。這些自立能力不是一蹴即成的，不放棄任何可以指導他、訓練他的機會，逐步逐項的示範、指導，累積數月數年不斷的練習，只要他能力所及之事，絕不代勞；如此，不但能滿足孩子獨立的需求，且進而培養其責任感，增進社會適應力（蔡阿鶴，民 77）。

五 訓練生活自理技能的通則

根據蔡阿鶴（民 77）的觀點，智能障礙者之生活自理技能之通則如下：

㈠慈愛原則

智能障礙孩子的身心總有些缺陷，父母必須用愛心來包容他的一切。父母的愛心好比苦旱中的甘露，可以滋潤缺乏「智慧水」的孩子，使偏枯的幼苗，在雙親慈暉的照護下，得以欣欣向榮。啟智教育的教師對待兒童，要抱持母性慈愛的教育態度，與人幼及幼的胸懷來教育智障兒童，使學生如沐春風、如沐化雨。

㈡行動原則

生活習慣的培養，必須從行為實踐中養成。誠如美國大教育家 J. Dewey（1859-1952）所倡導的「做中學」（learning by doing），讓智能障礙孩子從日常生活中身體力行，鍥而不捨的反覆演練，徹底的行動可以獲得真正的知，而將生活常規內化為行為特質，良好的生活習慣一旦養成，將終生受用不盡。父母的言行是孩子模仿學習的第一範本，所以父母必須以身作則，以行動示範給孩子做榜樣才有功效，空言無益。

㈢規律原則

規律的生活是一切良好習慣的起點，起居有時、動靜有序、飲食有節、排泄正常、物歸原位、井然有條，自有健康的身心。指導智障兒學習任何習慣，需堅持一致，耐心教導，不隨便更動孩子的生活作息，要在每天的同一時間，同樣的地方，練習同一個習慣。持之以恆，不斷的重複與練習，逐漸形成定型反應，良好的習慣自可養成。

㈣逐漸原則

各種習慣的訓練，要考慮孩子當前身心發展的成熟程度。不同習慣，如飲食習慣、衣著習慣等，各有難易之別，學習的進度當有快慢之分，勿求好心切，「揠苗助長」，欲速則不達。因此，要以漸進的方式，由易而難、由簡而繁，將每一項技能，依次細分成若干階層，採用連結法，循序學習，不要催逼，但也不可邊玩邊學。孩子漫不經心，注意力不集中，學習就無效果可言，只是徒費時間罷了。

㈤鼓勵原則

孩子永遠朝著讚美的方向發展。智能障礙孩子的學習，失敗的經驗總是多於成功的經驗，苛責與怒罵，徒增孩子的挫敗感，減損信心而已。訓練過程中絕不可操之過急，所要求的需切合孩子的能力與體力負擔，用耐心來接受其緩慢的成長，對小小的進步，也應該不吝嗇給孩子讚賞。適當的運用行為改變技術，恰到好處的獎賞，可以提振其信心，引發高昂的學習動機，增強成人所期望的行為，良好行為予以強化，不良行為予以消弱，漸至革除。

㈥簡短原則

指導智能障礙孩子學習各項生活自理技能，要力求「簡與短」的原則。即學習內容要簡單實用，從生活中取材，學習內容生活化、簡易化，比較複雜的技能，必須細分步驟，每次只教一項動作，俟此項動作熟練後，再接下一步動作，連貫幾個動作，形成一項習慣。每次練習的時間要短，採用分散練習原則最有效，因為智能障礙兒童大都具有心理易疲勞性，注意力渙散，練習時間若太長，不僅得不到預期的學習效果，且將降低其學習興趣，豈不弄巧成拙。

㈦熟練原則

任何習慣的建立或動作技能的訓練，都要經常練習，充分練習自可臻於熟練，熟練之後，才能形成定型的反應。所謂的「過度學習」（over-learning），是訓練智能障礙兒童生活自理技能的最佳途徑。唯每次練習要設法引發他們的學習動機，學習方法活動化、練習方式趣味化，要在興趣濃厚，注意力集中的情況下進行練習，才有效果可言。

㈧合作原則

家有智能障礙孩子難免會衍生一些困擾，父母應心平氣和，坦誠合作，共商對策。教養孩子的態度、方式、步調要一致，寬嚴的要求需互相協調，剛柔並濟，做到「積極而不苛求，溫和而不護短」。家庭教育與學校教育更需通力合作，兩者雙管齊下，更能促進孩子在學習上的持續進步。

蔡阿鶴（民 77）指出，親子情深，骨肉至親，此乃天經地義不容置疑的事。但對於那些家有智能障礙兒女者來說，則親子關係難免變質。多數的父母，視其為可憐的孩子，基於憐憫、同情的情懷，給予太多的照顧而流於溺愛，對孩子有求必應，導致孩子恃寵而驕、自大固執、任性浮躁，凡事依賴他人，缺乏自立能力；有的父母認為係由於自己的無心之過，造成了孩子終生無法彌補的創傷，基於補償愧疚的心理，處處袒護他，保護得無微不至，事無巨細，家人代其勞，如此反而剝奪了智能障礙孩子的嘗試學習機會，有礙自立能力的培養；有的父母忽視孩子的「智能障礙」，嚴厲要求，自以為「玉不琢，不成器」，父母對孩子的期望過高，雖盡心力教導，奈何進步殊微，失望之餘，態度趨於冷漠、拒斥，導致兩敗俱傷的後果；有的父母認為家有智能障礙的孩子是件可恥的事，因此羞於見人，將孩子孤立起來，不讓孩子與外界接觸，不給予訓練與教育，這種偏差的態度使孩子得不到陽光與親情的溫暖，缺乏家庭文化的刺激，不但加重其智能障礙的程度，且將更使孩子產生挫折感、卑微感與低劣感，嚴重的危害心理健康，而加深其生活適應的困難。事實上，父母有此種羞於見人的心態才是可恥的，智能障礙的造成，誰都沒有錯，孩子無辜，父母有罪，不必自責、自怨，更無需焦慮、羞愧。合理的親情與正當的教養態度，是促進孩子智能發展的催化劑。智能障礙孩子能否生活自理，除本身智能障礙程度極嚴重者外，只要父母能有健康的心態，面對現實，以「愛的教育」力量，妥善運用生活自理訓練技巧，扶其偏差、補其缺陷、助其生長、導其發展、輔其學習，其殘存的有限能力，必可獲得最大限度的發展。日常生活能夠自理，養成良好的基本生活習慣，則智能障礙者不但能享有較為健康的生活，且做父母的或教養機構的保育人員，也將得以減輕長期養護的工作負擔，善用其精力從事其他更有意義的工作。

捌

生活自理技能之教導策略

一、模仿
二、行為塑造
三、行為串連
四、褪除法
五、提示法（prompting）
六、試演

智能障礙最終之目標在於提供適合其能力之教育，充實生活知能，發展健全人格，增進身體健康，培育社會適應能力，以逐漸養成自立自主的國民。欲達成此一目標，實有賴適性教學之提供。茲就生活自理技能之教學策略，如模仿、行為塑造、串連法、褪除法、提示法與試演等方法，分述如下：

一 模仿

㈠模仿的意義

根據陳榮華（民 87）觀點，凡是以某一個人，或某一團體的行為為榜樣，使學習者經由觀察、收聽、閱讀或是操弄等過程而改變自己行為，以期形成與楷模相同思想、態度、動作或是語言表達等特性，均可稱為模仿學習。模仿學習確實是一種社會學習過程，一種具有高度吸引力的「楷模」；確實可以提供學習者所需要的資訊，讓學習者能夠很快的獲得一種新行為，而不一定先去嘗試。模仿的效果取決於「楷模」的特質和觀察者的認知活動。楷模的影響力則決定於其本身的特質（如其地位、身分）及其和學習者相似之處。

其次，許天威（民 83）指出，以身作則或者以身作例是促進兒童行為改變的一項重要方法，行為改變技術的用法是示範（modeling），若就兒童相對的行為表現而言就是模仿（imitation）。因此，模仿亦稱觀察的學習（observational learning）或替代的學習（vicarious learning），因可藉由示範而使對方產生學習的現象。行為規範的實踐需以師長的身教為主，老師是學童心目中認同的偶像，唯有身教才能收到潛移默化之效（蔡阿鶴，民 79）。

㈡模仿的增進行爲效果

透過模仿增進行為，可具有下列三項不同的效果：獲得效果（acquisition effects）、解除抑制效果（disinhibitory effects），以及促進效果（facilitation effects）（Wilson & O'Leary, 1980；許天威，民 83；陳榮華，民 87）。茲分別說明如下：

1.獲得效果，學習新知識

獲得效果係指學習者觀察「楷模」的結果，學到一連串新的行為。當然，觀察者必須知道如何將這一連串的行為逐一付諸實施。示範的刺激於個體觀察而模仿後，在適當的雷同情境下會再激發近似或相對的模仿動作。語言的學習可為一例，父母親所說的話，總會由牙牙學語的嬰兒在習聽、習說的過程中一再地仿效。

2.解除抑制與鼓舞的效果（inhibitory and disinhibitory effects）

所謂解除抑制效果，係指若觀察者看到一位楷模示範某一種言行之後，並沒有受到任何不愉快的懲罰時，觀察者以往表現同一類行為而受到抑制的效果將被解除，致使該項問題行為的表現愈加頻繁。例如：在上課中，若有一位學生開頭說了一些有關網路咖啡的笑話，大家便不再拘束地開始說這類的笑話。又如，在高速公路不可隨意行駛路肩，但若有一輛車行駛之後，其後必尾隨更多的車輛。示範的行為若伴有令觀察者羨慕的增強物，則往往也會令他為之心動，乃有躍躍欲試的姿態。

3.促進效果

促進效果係指觀察他人的行為結果，增進了社會上可接受的行為。

此種效果與「獲得效果」及「解除抑制效果」較不相同的地方是，促進效果不必先學習一連串的新行為，或是改進社會上不能接受的行為，只是表露以往所做的善行。

㈢提高示範效果的因素

為了使示範的刺激產生強烈的模仿反應，在控制此一刺激之出現時，宜考慮下列幾項因素：（Bandura, 1969；許天威，民 83；陳榮華，民 87）：

1. 示範刺激與模仿者的模仿反應之間的時間接近性（temporal contiguity）

時間接近性是影響模仿效果的一項要素，一經示範，即加模仿可以模仿得較成功，所以示範往往要現場示範，並要求立刻模仿。

2. 模仿者是一位動機充分的個體

預期經過模仿後會有一種積極的滿足，則此時之示範就可以導引主動積極的模仿，若有相應的增強，則其效果更佳，這就是有增強模仿（reinforced imitation）的結果比無增強模仿（non-reinforced imitation）要好得多的理由。若觀察者根本沒有強烈的仿效動機，或是認為模仿的後果是不愉快的，則儘管他（她）有注意到楷模的存在，理解經由楷模所傳遞的訊息，記憶這些訊息，甚至也有動作技巧去完成楷模所示範的活動，但是他（她）不一定能完全表現楷模所示範的行為。反過來說，當一個觀察者期待著正面的後果而從事於模仿楷模的行為，則觀察者也比較喜歡表現這些被討論的行為。

*3.*模仿受注意過程（attention processes）的影響

只是時間上的接近實不足以構成有效的模仿，因為雖有模範在眼前，然而心不在焉，其又奈模範之歷久不衰何？所以活動過多者、注意渙散者，都必先集中其注意而後令模仿之。提供一種楷模，並不一定能保證觀察者會受到此一楷模的影響。換句話說，觀察者必須注意到，並瞭解此一楷模所提供的訊息，方能受到影響。例如：燈光的對比、聲音的改變、重要因素的重複，以及摘要性解釋等等因素，均可能影響觀察者注意到楷模所傳遞的重要訊息。

*4.*模仿受保存過程（retention processes）的影響

有時候示範刺激會稍縱即逝，但是人們仍然可以照樣仿效得維妙維肖，其成功因素之一乃是把示範刺激依中樞神經系統的功能轉變為象徵性的代號（symbolic coding of modeling stimuli），可以迅速地儲存，也可以靈敏地指揮個體的輸出。當一個觀察者注意到相關連楷模的訊息，並且能瞭解有關線索時，必能記牢這些材料。透過教導和模仿方式，都能夠幫助觀察者熟練譯碼、分類和組織資料等技巧，進而有助於他們的記憶。

*5.*模仿受動作再生過程（motor reproduction processes）的影響

模仿固然如同上述要受到一些符號化的心像之指引，得其訣竅而促成正確的反應，但是有許多複雜的反應實在不能僅憑內在記憶的指揮，還得靠明顯的動作演練。實際上模仿的成功與否，必須兼重符號化的線索與外在動作的模擬。學習一些比較複雜的動作技能，以及其他動作行為的表演，也必須不斷地嘗試練習，和親自體驗的回饋，方可達到熟練水準。無論如何，複雜的動作行為表演，特別要藉模仿和預演；多次的演練方可達到完美的境界。

示範（model）是將行為實例呈現給學習者之一種方法，並誘導學習者學習相同的行為（Martin & Pear, 1999）。欲示範發揮良好的效果，可運用下列策略（陳榮華，民 87；Bandura, 1986；Martin & Pear, 1999）：

⑴同儕示範

若示範者與學習者在年齡、社經地位、身體外觀等方面相仿時，則示範的效果愈佳；反之，若差異甚大時，示範的效果愈差。換言之，朋友和同學的示範效果優於陌生人或校外同學的示範。一般來說，觀察者和楷模只要在年齡上相似，且性別相同，則模仿是一種正常現象。反過來說，即使觀察者在年齡、種族或社會地位和楷模略有不同，仍會產生模仿的效果。

⑵象徵性示範（symbolic modeling）

為確保示範在某種時機或情況中發生，教師有必要教導某些學生表演示範，並教導學生學習示範者的行為或動作。這種示範，可以透過影片、影帶或其他媒體提供給學習者示範。

⑶呈現行為和其效果

瞭解示範在獲得良好的結果上之效力是非常重要的因素，它可以決定示範的效果。在日常生活中或在學習過程中，常常獲得良好表現的學習者，他（她）往往成為受他人模仿的對象；反之，則不易被他人模仿（Schumk, 1987）。因此，將示範運用在行為改變技術方案中時，安排學習者觀察示範者，俾誘發良好的行為和接受增強物。

某些與引發模仿學習的環境有關的程序，常影響模仿效果。尤其是對楷模所表現的行為，給予何種獎懲，將影響到模仿者的行為。如獲得酬賞的楷模，常比獲得懲罰的楷模更易影響到模仿者的行為；讓楷模在許多種不同的狀況下展示欲使模仿者學習的行為，也將提高模仿的效果；

亦即利用不同狀況，安排多位楷模，自然又比單一的楷模更具效果。

⑷多重示範之運用

健明，三十五歲，是某校夜間部的學生，白天是從事不動產的銷售員。在星期五下午，他跟班上六位同學在小菜館喝高粱酒。因之，接受了行為改變技術之方案，但是，他們並不知情他們喝酒的行為已被行為治療師研究了。在不同階段的基線期，他在一個小時，喝掉了約 29cc的啤酒。在初期，其中一位同學喝掉一半示範給健明，此時，健明的喝酒方法並不受影響；同樣的，當有兩位同學示範時，此時，健明就把杯子中的啤酒喝掉一半。由此可知，由若干人示範特殊的行為，可決定某種行為是否被模仿。

⑸結合規則示範

若示範與規律和其他的行為策略，示範的效果會更佳。此種示範又稱行為演練（behavior rehearsal）或稱角色演練（role rehearsal），主要是讓學習者在特殊的情境，練習特殊或特定的行為，讓學習者在實際的情境表現適當的行為。此外，亦結合運用社會技能訓練（social skills training）、自我肯定訓練（assertion training）和憤怒處理訓練（anger managemet training）等，可提高學習者在各種不同環境之表現（Huang & Curo, 1997；Martin & Pear, 1999；Larkin & Zayfert, 1996；Schroeder & Black, 1985）。若模仿者能從觀察楷模的行為中摘出規則，藉此引導自己的行為，則我們可以預知，這些規則必能影響模仿者的行為。簡單的說，當觀察者能夠推論一種規則，或從楷模的行為中發現行動的一般性計畫，楷模的行為將會影響觀察者。亦即可讓觀察者迅速地獲得所要學習的行為，有良好的遷移，以及記憶一些經由模仿歷程所傳遞的資料（陳榮華，民 87）。

㈣運用示範的原則

欲使發揮示範的效果，需掌握以下原則（Matin & Pear, 1999）：

1.選擇的示範效果，可能是學習者的朋友或同儕，同時，在團體中具有名望的、有能力的。

2.儘可能運用二人以上的示範者。

3.提供給學習者之示範行為符合學習者之程度。

4.示範與規律相結合。

5.讓學習者觀察示範者的表現，並適度給予增強。

6.儘可能運用自然的增強物來設計訓練方案，或妥善安排增強原理，使學習者正確模仿示範行為。

7.所要示範的行為，由易至難，循序漸進安排。

8.為促進刺激類化，示範的情景儘可能的實際。

9.必要時，運用褪除法（fading），俾利除了示範之外的刺激亦可控制良好的行為。

由此可知，模仿是個體經由觀察而改變自己行為或學得某種技能，它是社會學習過程。唯欲使獲得良好的模仿效果，端賴於學習者和被模仿者兩者間之相似性，以及學習者對被模仿者是否具有高度之吸引力而定之。透過獲得效果、解除抑制效果，以及促進效果來增進模仿行為效果；提高示範效果的因素包括時間接近性、動機充分的個體、受注意過程、受保存過程及動作再生過程。為欲使示範發揮良好的效果，其策略包括同儕示範、象徵性示範、呈現行為和其效果、多重示範之運用，以及結合規則示範。

二 行為塑造

㈠行爲塑造的意義

行為塑造是指一種發展個體目前未呈現的目標行為（target behavior）。它是運用區別性增強（differentially reinforce）促使個體逐步漸進至目標行為，直到個體達到目標行為為止（Miltenberger, 1997）。因此，行為塑造（shaping）是一種用來建立學習者或個體目前未表現的行為之方法。亦即，行為塑造是利用連續性增強原理（successive reinforcement）來建立新的行為。例如：希望小明飯前能洗手，首先，一旦發現小明在飯前走到洗手台，即立即增強，若進而能打開水龍頭並能把雙手置於水下，隨即予以增強，最後小明能完成洗手動作。換言之，藉由增強逐步漸進（successive approximations）之行為，而終於建立良好的行為（desired behavior）。因此，行為塑造亦稱為逐步漸進法（the method of successive approximations）。

一般而言，運用「逐漸接近法」（method of successive approximations），連續增強與終點行為有關的一連串反應，以塑造新行為的過程稱之為「逐步養成（shaping）」（陳榮華，民 87）。如果個體尚難表現某種預期的行為，也就是我們在行為改變方案中所擬定的目標行為並非個體的既有行為，個體目前未曾習得這個行為，所以在訓練時就要擇其可能接近目標行為的某一特定反應予以增強，接著還可再進一步地增強一個更接近目標行為的反應，如此步步走向目標行為，終可產生目標行為的循序漸進的增強過程，即是行為的塑造（shaping），或稱行為的逐步漸進法（the method of successive approximations）。塑造就如同雕塑家所運用的手塑法（handshaping），把一塊泥土捏來捏去，修修整整地塑造一件成品，它的過程所表現的特色是要經過若干手續、若干步驟，才能造就一件成形的東西。這些步驟乃是一個連續的過程，過程的終點是行為改變師為對方所預定的目標行為，過程的另一端是對方可能產生的那一個略有關連的初步反應（許天威，民 83）。

㈡行爲塑造策略的主要特點（陳榮華，民 87）

行為塑造（shaping）係指在發展一項新的行為過程中，連續分段增強與終點行為最接近的一連串反應，並逐步消弱先前發生而目前已無關緊要的分段反應，一直到終點行為完全建立為止的有效學習歷程。其主要特點有三：

1. 用來塑造新的行為。

2. 逐步養成的運用程序是朝著預定的目標行為逐步向前推進（a forward direction）。

3. 逐步養成策略兼採「增強原理」及「消弱原理」，所以成效特別顯著。亦即在塑造新的行為過程中，凡是受訓者所表現的反應，符合預定的階段目標時，即馬上給予增強，以期加速達成終點行為；反過來說，受訓者所表現的反應，到了第二階段不一定還需要單獨給予增強，因為需要另一項新反應以替代舊反應，所以要消弱這些舊反應。遵循增強新的目標行為，消弱過時的舊反應，方易建立終點行為。

㈢運用塑造之有效方法

欲使行為塑造奏效，需掌握以下方法（Miltenberger, 1997）：

1. 選定終點行為

⑴選擇特定行為，而不是一般性的行為。塑造是適用於改變行為的總量（amount）、延宕時間（latency）和強度（intensity），同時，亦可發展新的行為。

⑵選擇一種在自然增強物控制下產生的行為。

2. 選擇適當的增強物。

3. 擬定實施計畫

⑴列舉逐漸達到終點行為（terminal behavior）之行為。起點行為之選擇，要從學習者已具有的且與終點行為相似之行為著手。倘若終點行為頗為繁雜，可將予以分解若干步驟。

⑵根據學生的表現加以修正。

4. 實施計畫

⑴實施前向學習者加以說明。

⑵一旦有良好的行為出現，則立即給予增強。

⑶除非學生已達精熟之地步，方可進入新的階段。

⑷在同一階段中，應避免提供多次的增強。

⑸如果學生停止學習，可能的原因是步驟太快或太大；或者增強物無效。此時，可採取以下措施：

①檢核增強物之有效性。

②如果學習者注意力不集中或顯得疲憊，或許實施步驟太小。

③注意難以集中或意興闌珊時，亦或許實施速度太快。

④回到前一步驟嘗試多次，並鼓勵學習者再次嘗試現階段的行為。

⑤若學習者仍覺得有困難，則進一步分析並予細分。

㈣影響行爲塑造效果之因素

至於，影響行為塑造效果之因素如下（Martin & Pear, 1999）：

1. 界定終點行為（specifying the final desired behavior）

行為塑造的第一步驟，即具體界定終點行為（terminal behavior）。終點行為之界定與陳述愈明確、具體，則愈有助於增強行為之機會。因此，有關行為本身之量次（amount）、延宕時間（latency）和強度（intensity）等特性，均應加以界定。同時，行為是否發生，均應加以敘述。

2. 選擇起點行為（choosing a starting behavior）

由於良好的行為或終點行為不會先發生，而且，在塑造的過程中必須增強某些行為，才能逐漸接近終點行為，因此，教師或指導者必須界定起點（starting point）。

在行為塑造期間，值得注意的是，不僅要清楚瞭解終點行為，同時，也要瞭解學習者此時此刻表現的程度。因為，塑造的目的乃在於透過增強作用，促使學習者的行為由起點開始，逐步漸進地到終點行為。

3. 選擇塑造的步驟（choosing the shaping steps）

進行行為塑造方案之前，擬定達到終點行為的綱要是有必要的。然後，依據大綱要循序漸進的，一個步驟一個步驟的逐次進行，直到終點行為。

4. 採取穩定且適當的步調（pace）進行

⑴從某一個步驟到另一個步驟之速度不要太快。

⑵由小步驟著手進行。然而，也沒有必要將步驟過於細分。

⑶唯有正確且精熟某個步驟行為後，方可進行次要步驟。

⑷如果由於實施的步調太快或因步驟過大，致使略過了某一步驟之行為時，則必須返回至該步驟實施。

5.選擇適當的增強物

行為塑造成功與否，增強物之選擇是不可忽略之課題。因此，一旦學習者有良好的行為出現或表現良好時，則必須立即地給予增強。至於增強物的數量，最好是不要讓學習者容易飽足。因此，制約增強物（conditioned reinforcers）（如代幣或讚美）是避免飽足有效之方法。

6.針對每一個漸進行為給予區別性增強（differentially reinforce）

基本上，當個體表現良好且穩定的行為時，即提供增強。旋即為次要行為準備增強，當然，對舊有行為不必再提供增強。以此類推實施，直到目標行為發生並獲得增強為止。

因此，行為塑造是一種用來建立學習者或個體目前未表現的行為之方法，是利用連續性增強原理來建立新的行為。塑造之有效方法包括選定終點行為、選擇適當的增強物、擬定實施計畫、實施計畫。而影響行為塑造效果之因素包括界定終點行為、選擇起點行為、選擇塑造的步驟、採取穩定且適當的步調進行、選擇適當的增強物及給予區別性增強。

三 行為串連

㈠串連法

一般而言，每一種行為是由許多若干因素所組成，並系列性的或串連式的發生，這就是所謂的行為串連（behavior chain）。例如：「刷牙」此一行為所組成之行為要素如下：

1. 能用左手去拿漱口杯。
2. 能右手打開水龍頭，將杯中裝滿水。
3. 能將漱口杯放置旁邊。
4. 能右手拿牙膏，左手拿牙刷。
5. 能將牙膏擠在牙刷上。
6. 能將牙膏蓋蓋好。
7. 能右手拿牙刷，從上排右邊牙齒開始刷，由上往下兩顆兩顆刷。
8. 能左右來回刷上排臼齒。
9. 能刷下排牙齒，由下往上兩顆兩顆刷。
10. 能左右來回刷下排臼齒。
11. 能喝一口水，將水含在口中漱口，再將泡泡吐出。
12. 能重複五至六次。
13. 能將牙刷洗淨。
14. 能將杯子洗淨，先洗裡面，再洗外面。
15. 能將杯內水倒乾，掛好。

又如「洗臉」之行為，亦由若干次要行為（sub-behavior）所組成，此等次要行為如下：

1. 能將衣袖拉高。

2. 能拿毛巾。

3. 能將水龍頭打開。

4. 能將毛巾弄濕。

5. 能將毛巾對折、扭乾。

6. 能將毛巾打開。

7. 能用毛巾來回上下的擦拭臉部。

8. 能用毛巾擦耳朵和脖子。

9. 能將毛巾搓洗乾淨。

10. 能照鏡子，看看是否洗乾淨。

11. 如果不乾淨，能再洗一次。

12. 能將毛巾洗好掛回原位。

由以上之例子可知，每一種行為是相互連貫的，是串連成一系列之行為，當前要行為完成之後，方可建立次要行為，以此類推。換言之，每一種行為是相互依賴，相輔相成，否則，行為難以一氣呵成，以致無法達成目標行為。

㈡串連之類型

1. 刺激——反應的串連（stimulus-response chains）

基本上，每一種行為的串連是由若干個刺激——反應因素所組成，因此，行為的串連亦稱之刺激——反應的串連（Miltenberger, 1997）。換言之，串連（chaining）就是指一種「刺激——反應的串連」（stimulus-response chaining），亦即藉一項辨別刺激（S），引發特定反應（R）而形成一個環節（link）；每一個反應又為下一個反應引發另一項辨別刺激，終究形成一連串的 S － R 環節。在發展一連串的反應過程中，每一項反應的終點和下一個反應的起點，均以明確的刺激信號劃界（陳榮華，民 87）。

例如：有關「吃果糖」刺激與反應，在行為的串連之系列性如下：

1. S^D1（果糖放在餐桌）→R1（走到餐桌）
2. S^D2（靠近餐桌）→R2（用右手拿起果糖）
3. S^D3（打開蓋子）→R3（用左手抓住果糖）
4. S^D4（抓住果糖）→R4（右手開啟蓋子）
5. S^D5（聞到香味）→R5（吃果糖）→（增強物）

上述之刺激——反應的串連之要素如圖 8-1 所示：

S^D1→R1
S^D2→R2
S^D3→R3
S^D4→R4
S^D5→R5→果糖
（增強物）

圖 8-1

2. 工作分析

工作分析（task analysis）是分析行為串連的過程，它是將每個刺激——反應之因素分解成若干，由易至難、由具體至抽象之方式細分排列，終至達到目標行為（Miltenberger, 1997）。亦即，複雜的行為要先分析為若干分解動作，然後逐步練習，即可構成行為串連的過程。行為之要素的分析與編列，通常稱為工作分析（task analysis）。若以編列教材的觀點而論，工作分析即是發展教材的一種方式，只要想教導兒童習得任何新的動作或概念，我們即可運用動作之先後步驟的推論，或者概念之逐層的演繹，把一項主要工作（main task）分析為若干分項工作（sub-task），然後還可以由分項工作再細分為更精細的分目工作（sub-subtask），如此逐層分析下去，終能使抽象的、複雜的教材成為細緻易懂的若干基本元素，當做學習的初步刺激，以引發兒童可能的基本反應，下表 8-1 可以說明工作分析的程序（許天威，民 83）：

表 8-1 工作分析示意表

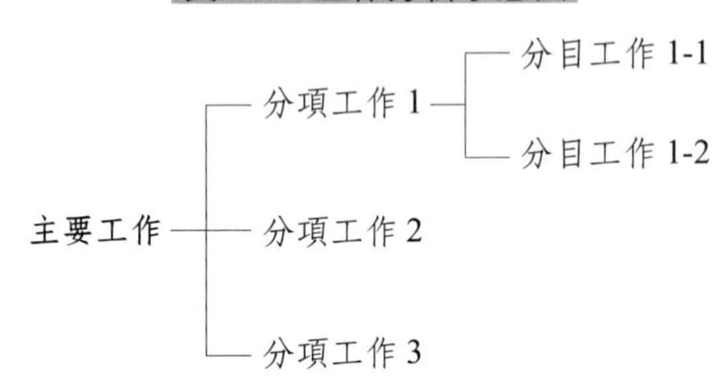

資料來源：行為改變之理論與應用（頁 125），許天威，民 83，高雄：復文。

例如：有關「用洗衣機洗衣服」之工作分析之實例如下：

⑴拿起洗衣籃走到洗衣機旁

①辨別洗衣機的位置。

②拿起洗衣籃。

③走到洗衣機旁。

④把洗衣籃放下。

⑵將衣物放入洗衣機內

①將洗衣機的蓋子掀起。

②將自己的腰彎下。

③將衣物自洗衣籃中拿起。

④將衣物一件一件的放入洗衣機內。

⑶加入洗衣粉

①知道洗衣粉放在哪裡。

②走到放洗衣粉的地方。

③拿起洗衣粉走到洗衣機旁。

④將洗衣粉的蓋子打開。

⑤拿起洗衣粉盒內的湯匙。

⑥用湯匙舀起洗衣粉。

⑦加入二匙洗衣粉。

⑧將湯匙放回洗衣粉盒內。

⑨將洗衣粉盒蓋上。

⑩將洗衣粉放回固定的地方。

⑷啟動洗衣機

①將洗衣機的蓋子蓋下。

②知道洗衣機的開關按鈕在哪。

③按下洗衣機的開關按鈕。

由此可知，工作分析的精神即在將教材或學習目標，再細分成容易教會的更小單元，讓學習者按步就班的學習，而不易遭遇失敗的經驗，這應該最能契合智能障礙者的教學需要（毛連塭，民 88）。日常生活中常用之生活自理技能之工作分析項目與其步驟，見本書附錄一、二。

3.倒退串連

倒退串連（backward chaining）是常用在重度障礙者所提供之密集性訓練之方法。倒退串連主要是運用提示（prompting）和褪除（fading）來先教導最後的行為。先以最後的行為來教導或訓練學習者時，學習者亦需執行與嘗試學習每個行為的串連，一旦學習者精熟了最後行為，方可教導次要最後行為，當學習者不需任何提示，該行為已達精熟之地步，以及學習者能參與或獨立執行此項最後第二個行為時，始可教導由下而上之第三個行為，直到當呈現第一個原則性刺激（SD），且不需任何提示時，學習者能表現所有行為的串連為止。（Miltenberger, 1997）。

以指導一位重度智能障礙學生「射飛鏢」遊戲為例，說明有關「射飛鏢」之工作分析如下：

⑴ S^D1（小明，來玩射飛鏢）→R1（小明走到射飛鏢地方）

⑵ S^D2（站在鏢靶前約五呎處）→R2（走到鏢靶的正前方，並立正面向鏢靶）

⑶ S^D3（與鏢靶站成一直線）→R3（用右手大拇指與食指抓住飛鏢，並立正面向鏢靶）

⑷ S^D4（站成直線並平持飛鏢）→R4（右手肘向後拉成 90 度）

⑸ S^D5（手持飛鏢且手肘彎曲並面朝鏢靶）→R5（右手向前拋並瞬間將飛鏢丟向鏢靶）→增強物（射中圓心）

若以倒退串連方式練訓小明射飛鏢技能時，其實施過程如下：

第一：首先呈現最後的區別性刺激（S^D），即 S^D5，並提示正確的反應，旋即提供增強物，其符號如下：

S^D5+提示（prompt）→R5→增強物（reinforcer）

在此階段，教師或父母可以藉由身體協助或提示（physically prompt）來幫助學習者表現正確的反應。當學習者表現良好的反應時，當然，可以給予原始性增強物或次級性增強物。俟學習者達到某種程度之表現時，指導者的提示逐漸地減除，即指導者所提供的提示或協助逐漸減少，直到他能把飛鏢射中目標。在此過程中，姿勢提示（gestural prompt）或示範提示（modeling prompt）取代身體協助。當學習者精熟了這第五個技能，就可訓練第四個技能了，以此由下而上類推。

第二：教導第四個階段的技能時，同理，先安排第四個區別性刺激（S^D4），提示正確的反應（R4），並提供社會性增強→讚美，其符號如下：

S^D4+提示（prompt）→R4→讚美

S^D5→R5→增強物

在此階段，先安排第四個區別性刺激（S^D4），當學習者手持著飛鏢時，指導者則用身體提示，協助學習者將手肘彎曲（R4）。一旦將手肘彎曲（S^D5），學習者就將飛鏢拋至鏢靶（R5），因為學習者已經學會第五個技能了。

第三：進入第三個技能學習階段時，呈現第三個區別性刺激（S^D3），提示第三個正確反應（R3），並給予讚美，其符號如下：

S^D3+提示（prompt）→R3→讚美

S^D4→R4

S^D5→R5→增強物

第四：第二階段之過程，其符號如下：

S^D2+提示→R2→讚美

S^D3→R3

S^D4→R4

S^D5→R5→增強物

第五：此階段乃教導學習者第一個步驟之技能，亦即呈現第一個區別性刺激（S^D1），提示第一個反應（R1），並給予讚美。其過程之符號如下：

S^D1+提示→R1→讚美

S^D2→R2

S^D3→R3

S^D4→R4

S^D5→R5→增強物

依上述之實施方法，以「洗手」為例加以說明：

首先，將「洗手」此技能之前後順序與步驟排列如下：

⑴在水龍頭下將手淋溼。

⑵抹上肥皂。

⑶將肥皂放回盒內。

⑷兩手心互相摩擦。

⑸兩手揉搓，自手背至手指。

⑹用力互搓兩手之全部，包括手掌及手背。

⑺雙手作拉手姿勢，搓洗指尖。

⑻在水龍頭下把肥皂泡沫沖淨。

⑼把水龍頭關好。

⑽用紙巾或乾淨毛巾把雙手擦乾。

將「洗手」之動作技能細分為十項工作分析後，倒退串連之訓練步驟如下（陳榮華，民 87）：

第一：由指導者協助學習者做好從 1～9 項的動作，但需留下最後一個步驟，即第 10 項，然後，對學習者說：「用紙巾或乾淨的毛巾把雙手擦乾」，此時，指導者透過身體協助或示範之方式教導學習者練習（提示），若動作正確，表現良好，則立即給予讚美（社會性增強）或喜歡吃的食物（原始性增強）。將此動作反覆練習，直到精熟為止。

第二：把 9、10 兩項動作連接起來訓練。即學習者精熟第 10 項動作後，就開始練習第 9 項動作。同理，指導者仍協助學習者做好 1 至 8 項動作，然後，留下 9、10 兩項指示學習者說：「請把水龍頭關好」（第 9 項動作），經教導和訓練精熟第 9 項動作後，再告訴學習者：「用紙巾或乾淨毛巾把雙手擦乾」（學習者早已學過的第 10 項動作）。若學習者的反應正確，則立即給予增強。

第三：連接訓練 8、9、10 三項動作。同前，由指導者協助學習者做好 1～7 項動作，只留下 8、9、10 三個項目，然後指示學習者說：「在水龍頭下把肥皂泡沫沖淨」（第 8 項動作），如同前述之第一至第二的訓練方式，由指導者給予提示、示範，以及增強之提供，直到學習者精熟第 8 項動作後，始可讓學習者一連串完成 8、9、10 三項動作，反應正確，即給予增強。

第四：連接訓練 7、8、9、10 四項動作。首先，指導學習者熟練第 7 項動作（雙手作拉手姿勢，搓洗指尖），然後，合併操作 7 到 10 四項動作。

以下各步驟的訓練方式均同上述要領，逐步完成，最後一個步驟則從第 1 步到第 10 步，一氣呵成，洗手技能終於獲得。

*4.*順向串連

順向串連（forward chaining）如同倒退串連一樣，即每次教導或訓練一項動作，然後與學會的動作連接起來，而且，在訓練的過程中，需運用提示與褪除來教導行為與區別性刺激。但順向串連是從第 1 項動作開始訓練，接著訓練第 2 項動作，以此類推，由第 1 項到最後 1 項動作來訓練。

順向串連時，先呈現第 1 項區別性刺激（S^D），提示正確的反應並隨時給予增強物，其符號如下：

S^D1+提示（prompt）→R1→增強物（reinforcer）

之後，直到當第 1 項區別性刺激出現時，在沒有任何提示下，學習者能執行第 1 項動作或反應，提示即予以褪除。

訓練第 2 項動作時，同樣的呈現第 1 項區別性刺激，此時，學習者將會做第一個反應。由於第一個反應會產生第二個區別性刺激（S^D2），因此，指導者必須提示這第二個反應（R2）並給予增強。其符號如下：

S^D1→R1

S^D2+提示（prompt）→R2→增強物

等到學習者在沒有提示之情況下而能正確地表現第二個反應時，則任何的提示予以褪除。

接者，準備訓練第三個反應（R3）。此時，先出現第 1 項區別性刺激（S^D），學習者將會做出第二個反應（R2），由於第二個反應會誘發第 3 項區別性刺激（S^D3），當學習者正確表現第三個反應（R3）時，則立即給予增強物，其符號如下：

$S^D1 \rightarrow R1$

$S^D2 \rightarrow R2$

S^D3+提示（prompt）→R3→增強物

同理，當第 3 項區別性刺激呈現，在沒有任何提示下，學習者能表現第三個反應時，提示即予以褪除。

由以上可知，順向串連是從第 1 項開始，做好第 1 項之後就要給予增強，然後又從第 1 項再加上第 2 項，表現良好，則給予增強，連續不斷地依此推展，將行為串連。

根據林坤燦（民 84）「職業技能訓練方案對於增進中重度智能障礙者工作成效之影響」研究發現：

⑴每一所智障機構已實施的訓練職種平均為五點四種，以實施烹飪、家庭代工、園藝栽培三職項的訓練最多。其中，家庭代工屬智障者獨自完成比率較高的工作，其他兩項則屬智障者獨自完成比率較低的工作。

⑵經試探性實驗之後，四名受試者均已習得浴簾包裝及禮盒包裝兩項工作技能。其中，簡易的浴簾包裝技能習得速度較快，且其生產成效較佳。

⑶接受庇護性工作訓練的五組實驗受試者，所獲得的工作成效如下：

①在工作態度上，有四組受試者（清潔服務、職前代工、糕餅製作及餐飲烹飪）皆呈現逐步增進的成效，僅成衣縫紉組受試者未有明顯進

步。

②在工作技能上，五組受試者皆有所增進，唯各組增進情形不盡相同。

③在職業適應上，實驗組受試者的職業能力檢核成績，顯然較控制組為優。

④接受支持性就業訓練的三名受試者，在工作態度表現上，有明顯增進的成效。另在職業適應上，四項檢核成績皆有所提升；其中以職業能力的增進較好，而以社區獨立生活技能的增進較差。

總之，將若干因素組成系列性的或串連式之發生，即稱之行為串連。其類型有刺激——反應的串連、工作分析、倒退串連及順向串連等。此等共同之處在於循序漸進、工作細目化、由簡至難及增強原理之善用，主要目的在於使學習者立於不敗，獲得成就感。

四 褪除法

㈠褪除法的意義

褪除法（fading）是利用逐步改變、連續性嘗試，以及刺激來控制反應，致使反應終於改變或到達新的刺激（Deitz & Malone, 1985）。褪除法常在日常生活中運用到，例如：父母或教師在教導孩童走路、如廁、著衣、飲食、洗澡等時，常常設法減少對孩童之協助和支持，希望使孩童能夠獨立行事。

褪除法是逐漸改變一個控制某項特定反應之刺激的行為改變技術，務使個體對於部分變動，或已有重大變動的刺激，仍可保有原來相同的反應。換言之，在培養新行為的過程中，目標行為應該保持不變，才可以讓個體朝向最後的目標前進，然而引起這個目標行為的刺激宜善加設計，俾易於引發預期的反應，這種刺激情境逐漸改變，而目標行為未嘗變動的行為養成技術，就是褪除的方法（許天威，民 83）。

由此可知，褪除法是一種漸次改變刺激，要使那個最初為了遷就個體之學習程度而不得不設計的、比較不合乎自然條件的刺激，漸漸演變為最為合乎自然條件的刺激情境。應用的過程是逐漸消除，慢慢省略那些不太自然的刺激的附帶條件，最後演變為一個最自然、最直截了當的刺激，仍然可以引起相同的預期反應，所以它有逐步養成新行為的功能。為了表現本方法之特質，不妨更明白地稱它為「刺激的逐步褪除法」。

㈡褪除法的運用

褪除法常在日常生活中運用到，例如：父母或教師在教導孩童走路、如廁、著衣、飲食、洗澡等時，常常設法減少對孩童之協助和支持，希望使孩童能夠獨立行事。褪除法是訓練智能障礙學童生活自理能力常使用的一種教學策略，教師或父母可以根據學童之程度及能力來善用此種方法，先由較簡單的技能，而給予較多的幫助與提示，等到學童習得或精熟某一技能後，可逐漸把提示的輔助刺激解除，此時的刺激更接近平時的自然情況，兒童的獨立能力更要多加發揮，於是兒童的能力乃隨之長進，最後水到渠成，兒童自然而然地學得很自然、很獨立的目標行為技能。

㈢影響褪除法效果之因素

有關影響褪除法效果之因素如下（Martin & Pear, 1999）：

1. **選擇終點刺激**

首先，教師或父母必須謹慎地選擇在褪除之終點，誘發或產生行為之終點刺激。選擇終點刺激是非常重要，因為，它可以誘發個體在自然的環境中產生反應。

2. **選擇起始刺激**

在進行褪除之初，教師或父母為了誘發良好的行為，因此，選擇起始刺激是非常重要的。如欲養成孩童洗手之良好習慣，教師或父母先誘導學童至洗手台，讓學童有意洗手。

3. **選擇褪除的步驟**

當良好的行為或反應產生之後，教師或父母之提示即可逐漸移除，此時，褪除的步驟必須小心的選擇。如果學童無法表現良好的行為或反應，有錯誤的現象，此也許是提示褪除的速度太快，或者，褪除的步驟太少之緣故。但是，過多的步驟或提示，卻會促使學童依賴提示，因此，褪除法與提示法之運用，猶如藝術之妙。

㈣運用褪除法之原則

由上述可知，欲使褪除法發揮良好的效果，需注意以下原則：

1. 選擇終點刺激。
2. 選擇適當的增強物。
3. 選擇起點刺激和褪除的步驟。
4. 實施計畫

⑴呈現起點刺激並增強正確的行為。

⑵褪除的線索或暗示需逐步漸進，儘可能地減少錯誤的發生；然而，若有錯誤現象發生，則需返回前項的步驟作充分之練習，同時，教師或父母需提供較多的提示。

簡言之，褪除法是先給予較多的幫助與提示，等到學童習得或精熟某一技能後，逐漸地將提示的輔助刺激解除之過程。影響褪除法效果之因素包括選擇終點刺激、選擇起始刺激及選擇褪除的步驟。唯運用時尚需注意選擇終點刺激、選擇適當的增強物、選擇起點刺激和褪除的步驟及實施計畫等之原則。

五 提示法（prompting）

㈠提示法的意義

提示法乃是運用提示技術（prompting）催促兒童產生反應以降低教材的難度。兒童對於較困難的學習材料每有無所適從的反應，教師於教學前即應預知兒童的學業程度與該新教材難度的配合情況，事先分析教材的難易層次，希望可以協助兒童對於新教材循著「先其易者，後其節目」由易而難的程序學習，於是可以採取「提示」的技術，用一些提示（cues）來帶動（initiate）正確的反應。教導智障者常見的提示技術可扼要列舉如下（許天威，民 83；Miltenberger, 1997；Patton, Beirne-Smith & Payne, 1990）：

1. 口語提示（verbal prompts）

當指導者的口語行為（verbal behavior）促使學習者在區別性刺激中

產生正確的反應，即稱口語提示法。換言之，運用語言來幫助學生克服學習困難，也是常用的一種提示技術。其主要目的在於協助學習者表現正確的行為。例如：正在教學生寫字時，教師可以一面說著一撇、一捺，一面看著學生寫出一個「人」字。

基本上，提供口語提示者不限教師或父母，若能使學習者在適當的時機表現正確和良好的行為，任何人所給予的口語提示，均可視為口語提示。至於，口語提示的方法包括教導、規則、提醒，或者任何其他的口語協助。

2. 手勢提示（gestural prompts）

手勢提示是指透過指導者的任何身體動作，引導學習者表現正確的行為而言。例如：指導學生洗手時，教師用手勢指點學生走到洗手台，然後再打「洗手」的手勢叫學生洗手。

3. 示範提示（model prompts）

凡藉由指導者任何的示範或演練，而能使學習者在適當的時機表現正確的行為即稱為示範提示。唯指導者在演練時，學習者必須透過觀察和模仿指導者之示範行為。因此，為使示範提示有效或成功，學習者必須能模仿示範行為。因為，模仿是學習某種行為的方法之一，尤其，日常生活中的一些行為均可藉由觀察示範而習得。

4. 身體提示（physical prompts）

身體提示是指採取動作來協助與引導學生產生某一正確的反應，亦稱身體輔導（physical guidance），身體輔導係指運用身體的接觸引導學習者表現良好的行為。例如：舞蹈老師引導學生學習新的舞步，或高爾夫球教練抓住初學者的手臂，由上而下地揮桿；又如父母或老師握住指導孩子或學生的雙手，練習洗手的動作等等。

再如，教師握著學生執鉛筆的手寫生字，可以幫助學生把該生字的筆順寫得正確。隨著學生熟練程度的增進，教師的提示動作宜逐漸減少。例如：由握著學生的手寫字，減而為扶著他的手寫字，再減少為用手指觸動學生的手寫字，最後不必再動手來指揮其寫字，可以讓學生以自然的寫字姿態寫出已經熟悉的生字，像這種漸次減少提示的方法即為「提示之遞減（fading）」。

㈡運用身體輔導之原則（Martin & Pear, 1999）。

1.進行身體輔導時，必須確實使學習者舒適與自在。

2.決定控制行為的刺激，俾使在輔導的過程中能明確地呈現。

3.在輔導期間，考慮使用規則、暗示或暗號，俾利持續地控制行為。

4.當學習者表現良好時，則必須提供立即性增強。

5.循序漸進，由易至難進行。

6.必要時運用褪除（fading）方法，俾利其他的刺激能替代來控制行為。

7.引起注意（highlighting）。

在教學過程中，運用變動的語調或者鮮明的色調來引導學生的注意與遵循，這也是很好的提示手法。例如：為使學生較易於辨認「我」與「找」的差別，可以把「找」字特別以色彩寫清楚。

根據陳姿蓉（民88）以單一受試實驗設計模式中，多基線處理實驗設計探討「逐漸褪除提示系統教學策略對促進智能障礙幼兒社交技能學習成效」，結果發現：

1.使用逐漸褪除提示系統教學策略，能促進智障幼兒的正向社交技能。

2.使用逐漸褪除提示系統教學策略，能降低智障幼兒的負向社交技能。

3.使用逐漸褪除提示系統教學策略，能維持智障幼兒的正向社交技能。

4.使用逐漸褪除提示系統教學策略降低智障幼兒的負向社交技能，有維持的效果。

5.教師及父母皆肯定逐漸褪除提示系統教學策略的成效，認為學生因逐漸褪除提示系統教學策略，而促進智障幼兒的正向社交技能及降低智障幼兒的負向社交技能。實驗結束後，教師仍願意使用逐漸褪除提示系統教學策略來改善學生的行為。

因此，提示法係指運用提示技術來輔導學童產生反應之一種技術，其策略包括口語提示、手勢提示、示範提示及身體提示等；唯進行身體提示時，務使學習者心安自在；表現良好時，則提供立即性增強。

六 試演

試演（rehersal）是指當學習者經由教導之後，或者，觀察示範者所演練的動作或行為之後，所提供的練習學習之機會的一種方法；它也是幫助學習者記憶的一種方法。例如：欲熟練某一動作技能或行為時，教師即可採用此方法協助學生記憶而達到精熟之境地（Kirk, Gallagher & Anastasiow, 2000）。有關試演之重要性如下（Miltenberger, 1997）：

第一，教師無法確知學習者已經習得，直到教師觀察到學習者已表現出正確的行為。

第二，提供增強行為之機會。

第三，提供修正錯誤之機會。

至於，實施試演時，尚需注意以下事項：

㈠需在適當的情境進行。唯有在適當的情境下實施試演，始有助於類化。

㈡安排成功之機會。起先，教師必須讓學習者從最容易的部分開始，俾以建立學習者之成就感，然後，將教材或學習的內容逐漸由簡至難呈現，讓學習者參與試演本身是一種增強，如此，學習者自然地會持續的參與。

㈢當學習者表現正確或良好的行為時，必須提供立即性增強。

㈣當學習者已能演練正確之行為時，方可告成。

簡言之，試演主要是讓學習者有演練或複習之機會，目的在於檢核學習者確實已習得或精熟所學得之技能。再者，試演本身是一種增強原理，可促使學習者獲得成就感。因此，選擇適當的情境來讓學習者試演亦很重要。

總之，生活自理技能是指日常生活技能而言，包括居家和社區生活技能，這些技能均為個體在家裡和社區生活中不可或缺的技能。生活自理技能是促使智能障礙學童成為獨立自主的要素，它不僅可以擴充智能障礙學童生活活動之選擇權與自主權，甚至，進而可提升智能障礙學童生活之品質。唯欲達到此目標，需注意學習之不同階段，此不同的階段包括習得期、流暢期、精熟期、維持期、類化期與調整等。在教學或訓練的過程中，除需注意不同階段中之重要的原理外，教師與父母更應善用各種不同之教導策略，而教導策略包括模仿、行為塑造、串連法、褪除法、提示法與試演等。每一種教學策略皆各有其獨特之原理、特性及步驟，尚有賴教師與父母配合學童之認知能力、動作發展、興趣、學習動機與意願等施教，方可達到預期之目標。（本文原載於生活自理教導策略（頁 19-59），洪清一，民 91，花蓮：國立花蓮師範學院特殊教育中心）。

玖

生活輔具

一、生活輔具的意義

二、功能性支援系統

三、生活輔具之評量

四、生活輔具之類型與功能

五、常用生活輔具

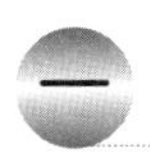

一 生活輔具的意義

生活輔具（living aids）對障礙者而言是非常重要的，它不僅可以協助障礙者處理和解決日常生活上之問題，亦可使障礙者帶來生活之方便性，進而提升其生活的品質。一般而言，生活輔助係屬通俗的，較少涉及高科技或電腦的應用。倘若能適當應用在日常的科技，把它當作一個系統來運用，應可融入障礙者每日生活環境中。換言之，科技能普遍地支援日常生活，同時也可調整策略及提供個人服務。如果沒有這些支援性服務，障礙者可能就無法離開住屋、就寢、用餐、洗澡、如廁、穿衣等日常生活自理。當然，這些支援性服務必須依障礙者之身心特性、特殊需求、個別差異及個別化，並隨時間及環境而加以調整（王明雯等，民 91）。

二 功能性支援系統

障礙是一種差異程度，障礙者並非異於其他人，只是程度上的不同而已。一個人有障礙只表示他的功能範圍較小或較沒有彈性，因此，輔具就需調整或設計，使其能開展殘存的功能。獨立自主的程度，是要看一個人能控制他（她）的環境多少而決定，而不是在沒有協助之下他（她）能完成多少工作。人不只是懂得製造工具的動物，而且是會使用策略的社會性動物。在工具發展之後，我們會發展使用它的策略，而且有需要時，我們會從同伴處得到協助。事實上，這種結合工具、策略、及互相合作的行為就是人類進化的特性。這三種支援可以用三角形的圖形來表示，三角形的每一邊代表一種共同的功能性支援（如圖 9-1）：

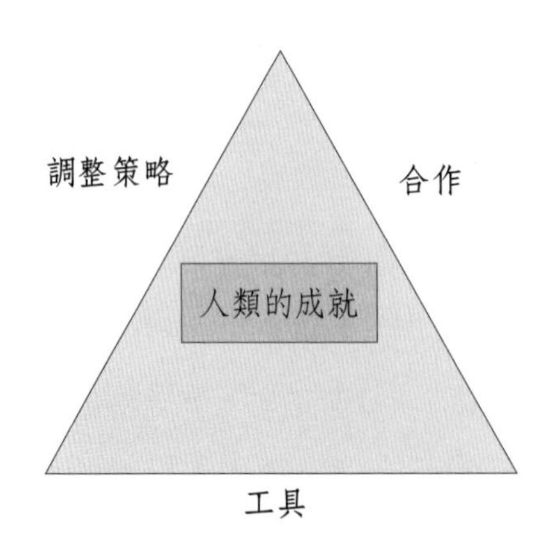

圖 9-1 人類支援系統的三要素

資料來源：特教科技的評估（頁 37），王明雯等，民 91，台北：五南。

雖然不同的人有不同的支援比例，但總是從這三種支援做不同層次輸入。某一特定的活動可能涉及工具與策略，而無庸置疑的，合作在某處也扮演一定的角色。例如：一個人決定獨自開車橫跨不同國家，可能認為這是一種獨自努力的勝利，因人與汽車能戰勝（自然）。直到車子沒有燃料或是駕駛需要修車子時，才會顯現合作努力的重要。很清楚地，我們都是很脆弱的動物，需要依賴他人、工具、或機器，以及我們的機智才得以生存。

事實上，雖然每個人皆依賴這些支援系統，然而就障礙者個人需求的概念來說，卻產生新的「特殊需求」類別（如圖 9-2）。工具和機械變成「應用科技」、「輔助裝置」、「日常活動（ADL）設備」、「殘障者的科技輔助」、或「科技協助」等類別。策略變成「調整的策略」；合作努力變成「個人的協助服務」。就障礙者而言，他們比常人更需要支援系統。這些系統包括科技支援、調整的策略、及個人協助（人的支援）。而一個人能達到獨立，乃指他能控制自己的生活——能界定自己的支援系統，包括工具、策略、及人的支援，以達成環境所要求的工作及目標。

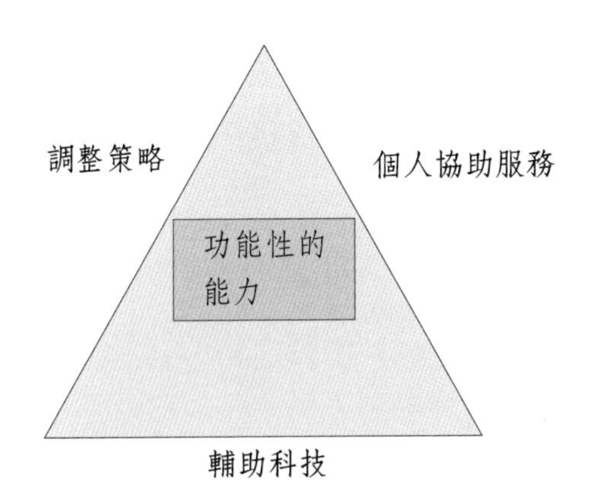

圖 9-2 功能性支援的三要素

資料來源：特教科技的評估（頁38），王明雯等，民91，台北：五南。

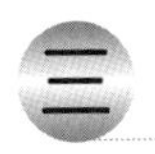

三 生活輔具之評量

輔助性科技與其他工具一樣，即使是適用於相同範圍的人文活動，通常有不同的評鑑標準。與其他工具相較之下，輔助性科技唯一不同處，即是它們需要提及更多不同的限制。把它們當作一特定工具的類別，或以較寬鬆的標準來判斷其表現、經濟或審美度，似乎是不合理的。

有效的工具應成功具備以下二項特徵：

(一)技術的特徵

1. 它有效嗎？
2. 它強壯而安全嗎？
3. 它能與其他的設備相容嗎？
4. 它可靠嗎？
5. 它耐用嗎？

㈡人類工程（人類因素）的特徵

1. 使用時有安全感嗎？
2. 它易於使用嗎？
3. 它的大小合適嗎？
4. 它舒適嗎？
5. 它能吸引人嗎？

因夠買設備通常不是由障礙者作決定，外界的「幫助者」或發展者應考慮下列問題：

1. 我想要將這設備擺在住屋內嗎？
2. 這對障礙者或其家人將有何影響？
3. 值得使用這裝備嗎？
4. 需要多少勞力來安裝、修理、清潔、維持與儲藏？
5. 假若未使用此設備，個人會有什麼意見？
6. 有什麼誘因讓人會去使用它？
7. 有什麼不利的誘因嗎？
8. 有可能較輕易的獲得嗎？有可能減少設備的數目嗎？
9. 個人需要更多嗎？這只是系統的一部分嗎？
10. 誰將做日常的保養？做修理？
11. 未使用時，要儲存於何處？

然而，由於每位障礙者之障礙嚴重程度不同，而且，認知功能各有差異，各有不同的特殊需求，因此，評估障礙者之生活輔具是否適當，尚需注意下列事項（Olson & DeRuyter, 2002）：

1. 使用者是否喜歡？

2.使用者是否具有適當的動作和認知功能來選擇使用輔具？

3.使用者是否已能適時的穿、脫輔具？

4.使用輔具後是否會有良好的工作表現？

5.輔具價錢是否合理？

6.是否提供維修，以維輔具最大功能？

7.輔具是否耐用？

8.輔具是否可替代或修理？

9.輔具是否具調整性來滿足一般發展或加以改進，以維身體功能？

10.輔具是否具有不同情境的功能？

11.輔具是否具吸引力？

12.輔具是否能滿足使用者的目的？

四 生活輔具之類型與功能

為了滿足每位障礙者之特殊需求，因此，輔具類型富殊異性，而且，各自有獨特的功能。終極目的在於促進使用者的健康，防止傷害或障礙，增進、維持並獲得最大可能的獨立程度。因此，瞭解障礙者的身體缺陷和需要的輔助，為障礙者選擇良好且有效的輔具，實在不可忽視。因此，輔具之提供端視使用者殘缺之情況與需求而定。所以，基本上，生活輔具類型繁多不一，茲將重要且常用的生活輔具概列如下（Olson & DeRuyter, 2002）：

㈠飲食

餵食及吃係指一個人能安排食物，適當使用器皿及餐具，並將食物及飲料放入口中，吸、咀嚼、吐及吞的能力而言。餵食的輔具類型不一，包括從簡單型的（將泡棉填充在叉子上）到複雜型（電動的餵食器）。理想上，任何的輔助餵食器都應該是可攜帶的，如此，可以在不同的場合使用，也可以彈性的變化或和其他器具互換，在食用不同食物時能使用。

1. 食具

為了減低障礙者手部、腕部，或手指等之動作範圍（range of motion, ROM）之需求，以及減少力度和協調性，適性之食具類型可歸類如下（Olson & DeRuyter, 2002）：

⑴改變操作方式以適應不同難度的抓取動件，如將食具加以調整或改良來減低抓取之難度，或用吊帶來握住食具以替代無法抓取之現象。

⑵改變長度以適應減少手部或肩部活動範圍的需求。

⑶改變控制的角度或曲線，以適應減少腕部功能之操作。

⑷重量的控制來彌補協調性的困難。

⑸旋轉式的器具以適應減少腕部及前臂活動範圍之需求。

2. 喝的輔具（drinking aids）

不同形狀握把的杯子，雙握把、蓋子、加重型的杯子等，都是適應減少抓取、協調性及有限活動範圍需求的個體；加長型的吸管、握把式的吸管（straw holders）、單向式的吸管（one-way straws）等食具，均能協助頸部及軀幹活動範圍不佳的個體。

3. 盤子的防護（plate guards）

防護型盤子是一種使用塑膠或金屬的套環包裹在盤子的邊緣，主要是協助提供使用者能將食物舀（scooping）到食具上。

4.改裝型的盤子或碗（modified plates or bowels）

許多的盤子或碗被製成一邊特定的外形以協助使用者能舀食物，其中一些有防滑（skid-proof）的底部能保持盤子固定不會滑動（sliding）。為了防止盤子滑動或舐食托盤（lap tray），可以應用止滑（nonslip）的材質，形狀可以是圓的、方的、桌墊（placemat-shaped pads）式。

㈡穿衣

穿衣係指個體能選擇適合的衣服，能從衣櫃處取得衣服，系列性穿、脫、固定及調整衣服、鞋子等能力而言，穿衣的動作是需要身體靈敏度及耐力的工作。有關穿衣的輔具（clothing aids）簡述如下（Olson & DeRuyter, 2002）：

1.穿衣棒（dressing sticks）

基本上，穿衣棒可以協助那些活動範圍、肌肉強度（muscle strength）及耐力（endurance）有限者。穿衣棒有不同長度及型式來滿足具有特殊缺陷的個體。標準的穿衣棒是一種塑膠製之 S 型，它可以勾或拉住衣服的一角，在相對的另一端有一個 C 型的勾子，可以讓人在穿褲子時不用彎腰。其他輔具如組合式的穿衣棒和鞋拔、組合式的穿衣棒和穿襪器，外出或旅行可用折合式的（collapsible version）。

2.伸抓器（reachers）

使用者可以用來協助穿褲子，彈射控制的型式常是控制穿衣棒無法控制的輔具。使用時，個體可用抓住、放開、再抓住等動作，它有不同的型式及尺寸。

3.腳吊環及舉腳器（leg straps and leg lifters）

腳吊環及舉腳器可以協助個體較易於上、下床的行動，床梯可以提供帶子套環，如此，可以使個體容易在床上滾動，帶子也可以縫在褲子上，以幫助沒有手功能的人能將褲子拉上；帶子也可以加上勾子附在皮帶扣環上，而成為褲子的一部分。

4.扣緊器（fasteners）：鈕扣鉤及鈕扣延伸器（buttonhooks and button extenders）

鈕扣鉤可以幫助個體處理釦扣子的動作，協助那些手眼協調不良、僅剩一隻手，以及精細動作不佳等的個體。鈕扣鉤是由金屬的環所組成，可以根據個體的需求來選用不同大小尺寸及形狀。

5.拉鍊把柄（zipper pulls）

拉鍊把柄是針對手部功能有障礙，或者沒有手部功能之個體所提供之輔具。

6.襪子和鞋子

⑴穿襪子輔具（sock aids）

為了便於穿襪子，個體可選擇各種不同的穿襪子輔具。為了減少彎腰的需求所設計出來的穿襪子輔具，對手部功能不佳的個體亦有幫助。這些輔具通常是以較輕的塑膠製成，使用者將襪子斜放在穿襪子輔具上，抓住繩子，個體將穿襪子輔具置於腳底下，並將襪子斜繞著腳趾，隨即將繩子往上拉即可完成。其型式有硬及軟的塑膠材質，尼龍（nylon）製以減低摩擦，較寬的鞋底可以適合較大的腳；並有一條或二條繩子，有泡沫式或者勾子式之操作，以及褲襪（pantyhose）用的輔具。

(2)鞋拔及鞋帶（shoehorns and shoelaces）

不同的鞋拔型式對障礙者是非常有用的。其類型有不同的長度及控制的型式，有的是由塑膠或是鋼製的；鞋子的扣緊器亦有所不同，有伸縮（elastic）型的鞋帶，亦有夾緊式型式，可使鞋帶緊固。伸縮式的鞋帶可使個體穿、脫自如，不必綁、鬆鞋帶。

(三)如廁（toileting）

如廁係指個體能獲得與使用設備、自我清潔、進出廁所，維持在便盆（bedpan）及便器（commode）姿勢之能力而言，如廁是具隱私性和個人之行為，通常，個體很渴望獨自行事。

1. 便盆座及椅子（commode seats and chairs）

對於有行動障礙的個體而言，增高如廁的座椅、扶手、床邊便器等有助於功能性及安全性。如果使用標準的便盆對個體在坐著與站著有困難時，可以針對個體的需求將坐式便器增高。一般而言，可以增高到四英吋。然而，亦可以調高到二至六英吋的高度；若個體需要扶手（hand-rail），亦可加裝，甚至依個人之需求購買；尤其，直立型（stand-alone）的便盆椅對行動障礙的個體最有助益，它可以放在床邊近處，俾利夜間使用；或者；在淋浴時作為沐浴之椅子使用。

2. 尿壺（urinals）

手持的尿壺對男、女均有幫助；同時，對行動障礙者在床上排尿，亦非常方便。為了防止因坐著而產生溢出的現象，有些尿壺的頸部已設計成較長。

五 常用生活輔具

常用的生活輔具類型繁多，茲臚列如下：

㈠飲食類

1. 輔助進食之工具

產品名稱	說　明
輔具名稱	進食輔助固定器
適用對象	手部功能不全者
圖　片	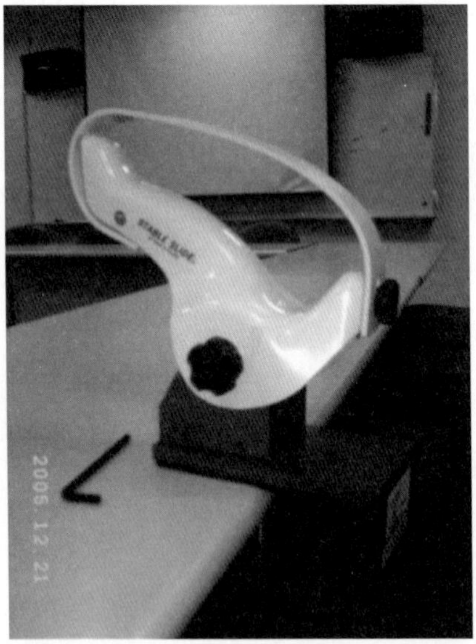
內容介紹	固定在桌子上，使手部功能不全者挾菜時不必做出大幅度挾菜動作，以減輕手部壓力，可以輕鬆挾菜。
來　源	國立花蓮教育大學特殊教育系

圖 9-3　進食輔助固定器

2.固定餐具輔具

產品名稱	說　明
輔具名稱	湯匙輔助固定器
適用對象	手部功能不全者
圖　片	
內容介紹	輔助手部功能不全者使用湯匙進食，並減輕手部功能不全者手握湯匙時手的負擔，使其方便盛取食物。
來　源	國立花蓮教育大學特殊教育系

圖 9-4　湯匙輔助固定器

產品名稱	說　明
輔具名稱	腕部支撐型餐具握套（成人）
適用對象	手部功能不全者
圖　片	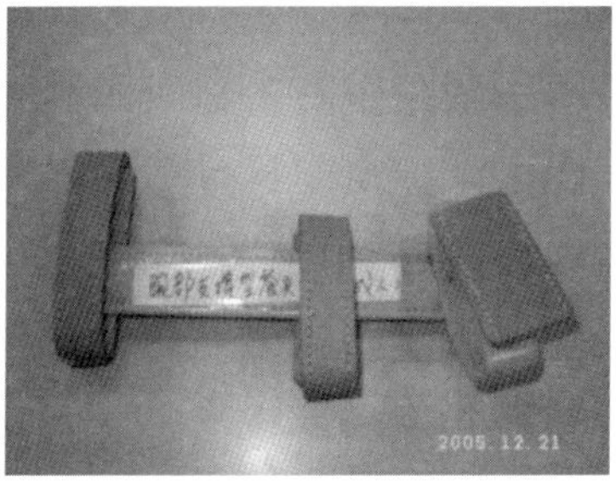
內容介紹	輔助手部功能不全者進食，並減輕手部功能不全者手握餐具時手的負擔，使其方便盛取食物。
來　源	國立花蓮教育大學特殊教育系

圖 9-5　腕部支撐型餐具握套

產品名稱	說　明
輔具名稱	手夾器
適用對象	手部功能不全者
圖　片	
內容介紹	輔助手部功能不全者進食，並減輕手部功能不全者手握餐具時手的負擔，使其方便盛取食物。
來　源	國立花蓮教育大學特殊教育系

圖 9-6　手夾器

產品名稱	說　明
輔具名稱	手腕支撐架
適用對象	手部功能不全者
圖　片	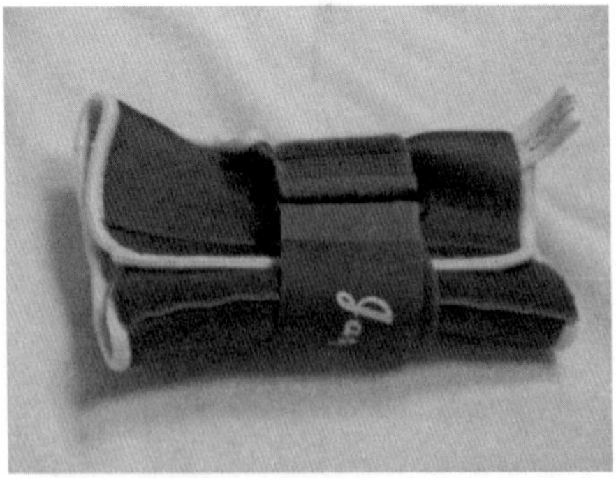
內容介紹	協助支撐手部肌肉力量不足者的手腕。
來　源	慈濟醫院醫療復健輔具中心

圖 9-7　手腕支撐架

產品名稱	說　明
輔具名稱	握筷器
適用對象	手部功能不全者
圖　片	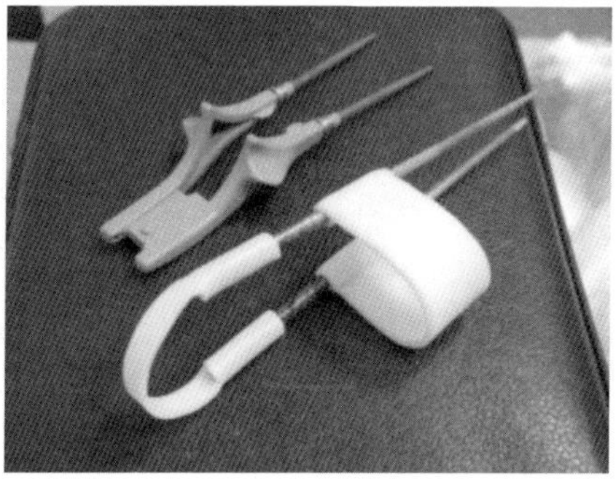
內容介紹	協助手部無法做精細動作者，方便施力夾住食物，放鬆後即能彈回放開食物。
來　源	慈濟醫院醫療復健輔具中心

圖 9-8　握筷器

產品名稱	說　明
輔具名稱	掌扣型用具套
適用對象	手部功能不全者
圖　片	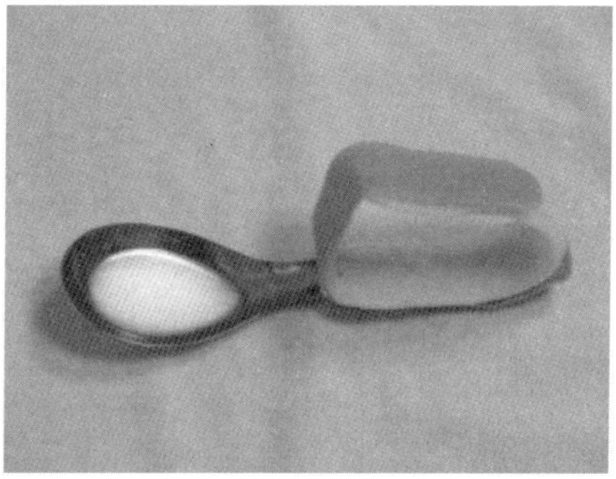
內容介紹	協助手部無法做精細動作者，利用手掌握住餐具，亦可將自己的餐具套入使用。
來　源	慈濟醫院醫療復健輔具中心

圖 9-9　掌扣型用具套

產品名稱	說　明
輔具名稱	單把手馬克杯
適用對象	手部功能不全者
圖　片	
內容介紹	協助抓握能力不足者，支撐住茶杯。
來　源	慈濟醫院醫療復健輔具中心

圖 9-10　單把手馬克杯

3.餐具

產品名稱	說　明
輔具名稱	膠柄旋迴食具
適用對象	手部功能不全者
圖　片	
內容介紹	橢圓形握柄可改善持握方式，旋迴裝置可保持食物於水平位置進食。
來　源	國立花蓮教育大學特教中心

圖 9-11　膠柄旋迴食具

產品名稱	說　明
輔具名稱	易握食具
適用對象	手部功能不全者
圖　片	   
內容介紹	彎角設計，持握省力，協助進食。
來　源	國立花蓮教育大學特教中心

圖 9-12　易握食具

產品名稱	說　明
輔具名稱	易握湯具組
適用對象	手部功能不全者
圖　片	
內容介紹	加粗握柄，易握省力。
來　源	國立花蓮教育大學特教中心

圖 9-13　易握湯具組

產品名稱	說　明
輔具名稱	抑口腔反射塑膠湯匙
適用對象	手部功能不全者
圖　片	
內容介紹	抑制口腔反射，協助進食。
來　源	國立花蓮教育大學特教中心

圖 9-14　抑口腔反射塑膠湯匙

產品名稱	說　明
輔具名稱	易握餐具組
適用對象	手部功能不全者
圖　片	
內容介紹	協助手部精細動作差者容易握住餐具。
來　源	慈濟醫院醫療復健輔具中心

圖 9-15　易握餐具組

產品名稱	說　明
輔具名稱	餐具組
適用對象	手部功能不全者
圖　片	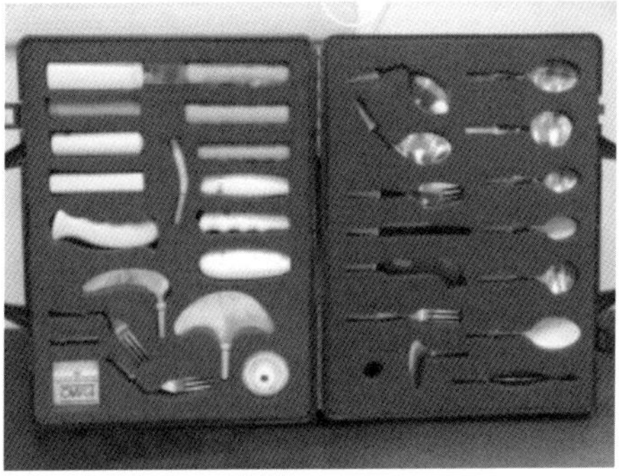
內容介紹	各種不同角度、方向之握柄及叉匙等餐具，方便手部功能不全者進食、切割食物等等。
來　源	慈濟醫院醫療復健輔具中心

圖 9-16　餐具組

產品名稱	說　明
輔具名稱	海綿握把
適用對象	手部功能不全者
圖　片	
內容介紹	利用加粗之海綿握把，方便手部精細動作差者能自行進食。
來　源	慈濟醫院醫療復健輔具中心

圖 9-17　海綿握把

產品名稱	說　明
輔具名稱	T-型餐刀（Rocking 'T' knife）
適用對象	肌力不足及精細動作不協調者
圖　片	
內容介紹	適合肌力不足及精細動作不協調者進食使用。
來　源	國立花蓮教育大學特教中心

圖 9-18　T-型餐刀

產品名稱	說　明
輔具名稱	多功能湯匙
適用對象	手部功能不全者
圖　片	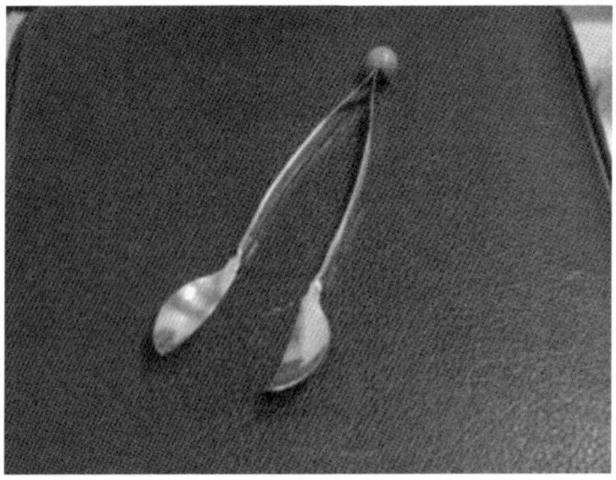
內容介紹	方便手部精細動作差者或肌力不足者舀取或夾取食物。
來　源	慈濟醫院醫療復健輔具中心

圖 9-19　多功能湯匙

產品名稱	說　明
輔具名稱	易握刀具組
適用對象	手部功能不全者
圖　片	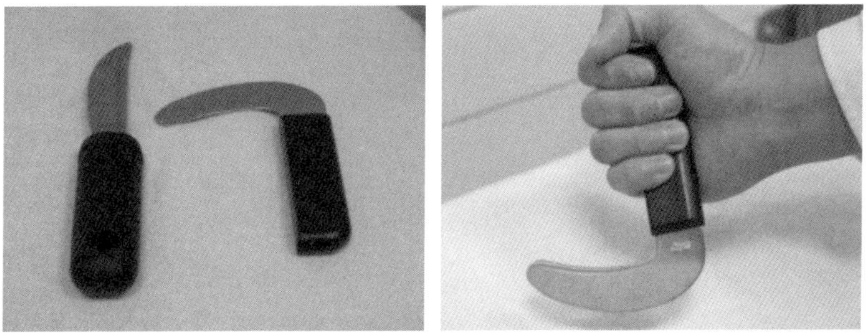
內容介紹	協助手部精細動作差者容易握住刀具切割食物。
來　源	慈濟醫院醫療復健輔具中心

圖 9-20　易握刀具組

產品名稱	說　明
輔具名稱	包餃子器
適用對象	手部功能不全者
圖　片	
內容介紹	使手部精細動作差者也能完成包水餃的工作。
來　源	慈濟醫院醫療復健輔具中心

圖 9-21　包餃子器

4.開罐器具

產品名稱	說　明
輔具名稱	開罐輔具
適用對象	手部功能不全者
圖　片	
內容介紹	幫助精細動作差者或肌力不足者，省力容易旋轉開瓶蓋。
來　源	國立花蓮教育大學特教中心

圖 9-22　開罐輔具

產品名稱	說　明
輔具名稱	牛奶紙盒開封器
適用對象	手部功能不全者
圖　片	
內容介紹	協助單手開啟牛奶紙盒。
來　源	國立花蓮教育大學特教中心

圖 9-23　牛奶紙盒開封器

產品名稱	說　明
輔具名稱	開罐器
適用對象	手部功能不全者
圖　片	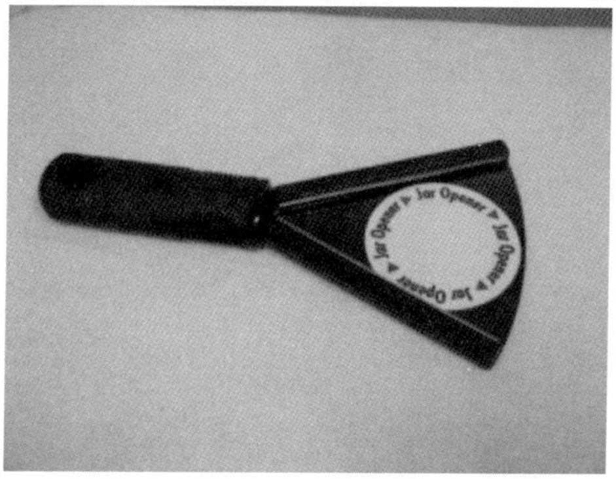
內容介紹	協助手部肌力不足及無法做精細動作者，省力開啟瓶蓋。
來　源	慈濟醫院醫療復健輔具中心

圖 9-24　開罐器

產品名稱	說　明
輔具名稱	簡易開罐器
適用對象	手部功能不全者
圖　片	
內容介紹	幫助肌力不足者，省力容易旋轉開瓶蓋。
來　源	慈濟醫院醫療復健輔具中心

圖 9-25　簡易開罐器

產品名稱	說　明
輔具名稱	電動開瓶器
適用對象	手部功能不全者
圖　片	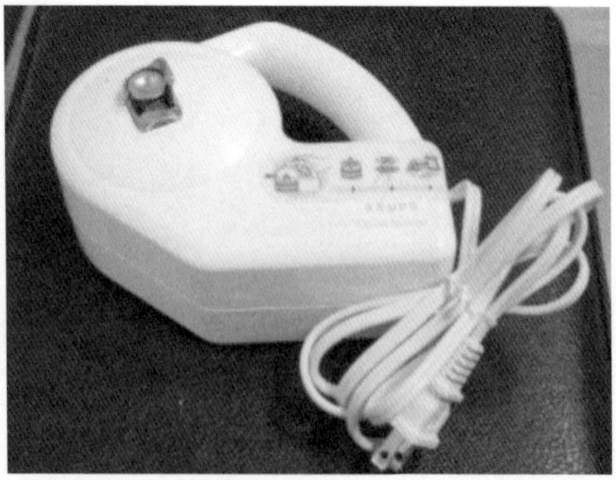
內容介紹	透過電動開瓶器，協助手部肌力不足、精細動作差者，開啟瓶蓋。
來　源	慈濟醫院醫療復健輔具中心

圖 9-26　電動開瓶器

㈡料理類

產品名稱	說　明
輔具名稱	雙管清洗杯刷
適用對象	手部功能不全者
圖　片	
內容介紹	方便手部精細動作差者單手清洗杯子。
來　源	慈濟醫院醫療復健輔具中心

圖 9-27　雙管清洗杯刷

產品名稱	說　明
輔具名稱	不銹鋼食物護欄及手臂支撐架
適用對象	單手進食患者或兒童
圖　片	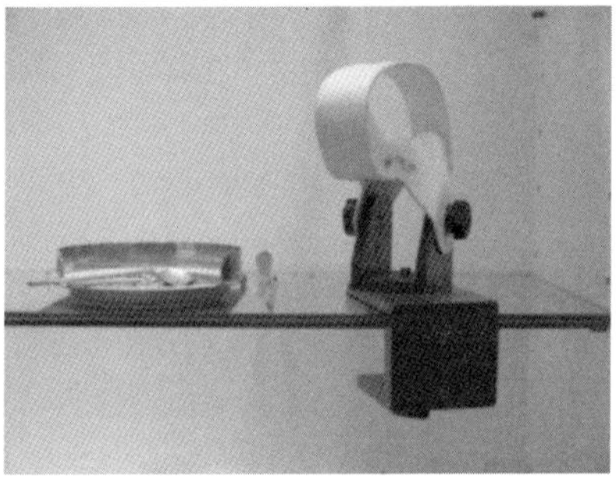
內容介紹	輔助舀盛食物及支撐手臂。
來　源	慈濟醫院醫療復健輔具中心

圖 9-28　不銹鋼食物護欄及手臂支撐架

產品名稱	說　明
輔具名稱	電湯匙
適用對象	手部功能不全者
圖　片	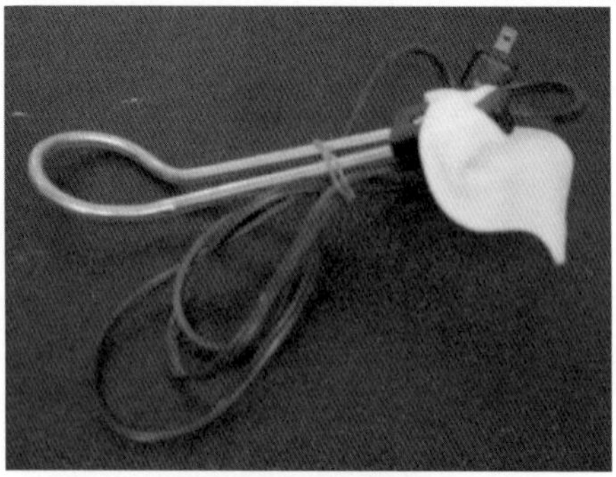
內容介紹	利用副木塑材自製輔具，協助手部抓握能力不佳者握住電湯匙。
來　源	慈濟醫院醫療復健輔具中心

圖 9-29　電湯匙

產品名稱	說　明
輔具名稱	單手輔助切板
適用對象	單手功能不全者
圖　片	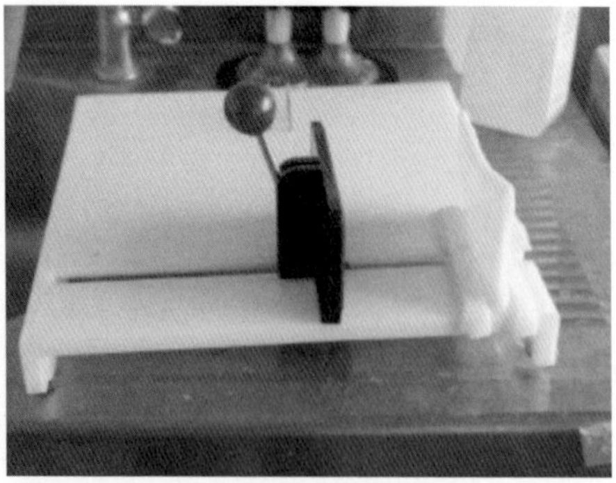
內容介紹	協助單手活動不便患者，利用砧板上的活動式固定器夾住食物並切割之。
來　源	慈濟醫院醫療復健輔具中心

圖 9-30　單手輔助切板

產品名稱	說　明
輔具名稱	桌上型手臂支撐架
適用對象	手部功能不全者
圖　片	
內容介紹	協助支撐手臂較無支撐力量患者，方便進食及移動手臂。
來　源	慈濟醫院醫療復健輔具中心

圖 9-31　桌上型手臂支撐架

㈢衣著類

產品名稱	說　明
輔具名稱	特製衣服
適用對象	行動不便、手部功能不全者
圖　片	
內容介紹	利用魔鬼粘代替鈕扣及拉鍊，方便行動不便或是手部功能不全者穿脫衣物。
來　源	慈濟醫院醫療復健輔具中心

圖 9-32　特製衣服

產品名稱	說　明
輔具名稱	穿襪輔助器
適用對象	脊髓損傷患者
圖　片	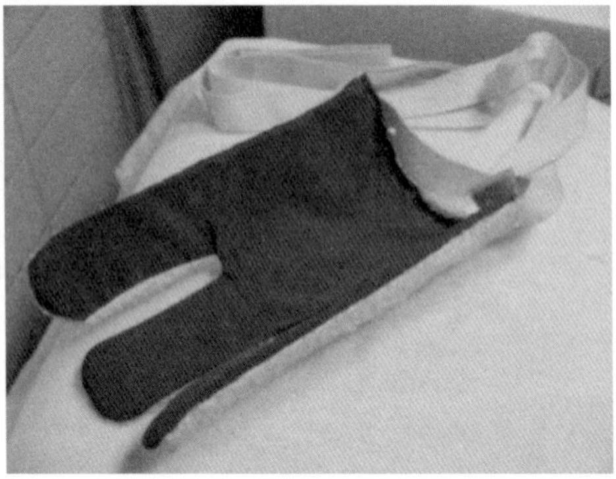
內容介紹	協助脊損患者自行穿襪。
來　源	慈濟醫院醫療復健輔具中心

圖 9-33　穿襪輔助器

產品名稱	說　明
輔具名稱	螺旋鞋帶
適用對象	手部功能不全者
圖　片	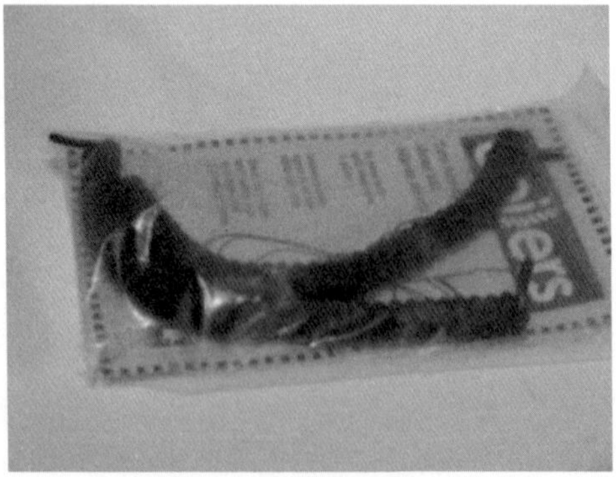
內容介紹	免除手部精細動作差者繫鞋帶的困擾。
來　源	慈濟醫院醫療復健輔具中心

圖 9-34　螺旋鞋帶

產品名稱	說　　明
輔具名稱	穿鞋輔助器
適用對象	手部功能不全或脊髓損傷患者
圖　　片	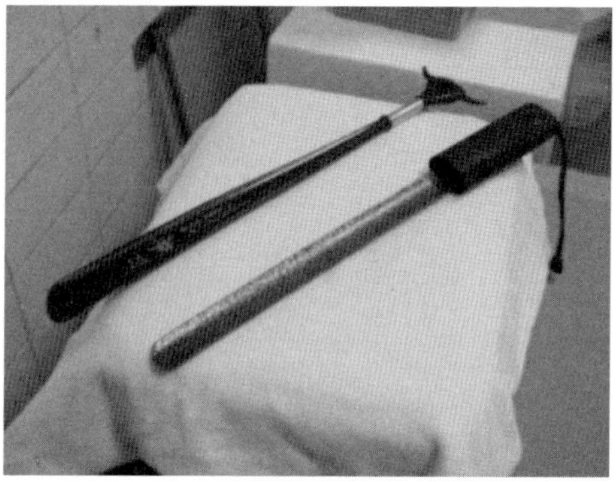
內容介紹	協助手部精細動作差者或脊損患者穿脫鞋子。
來　　源	慈濟醫院醫療復健輔具中心

圖 9-35　穿鞋輔助器

產品名稱	說　　明
輔具名稱	穿衣棒
適用對象	手部功能不全者
圖　　片	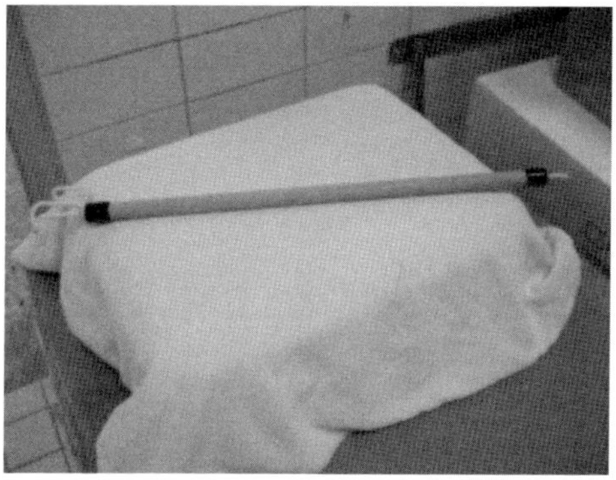
內容介紹	協助無法移動舉起之手臂，勾起衣物。
來　　源	慈濟醫院醫療復健輔具中心

圖 9-36　穿衣棒

產品名稱	說　　明
輔具名稱	拉鍊輔助拉環
適用對象	手部功能不全者
圖　　片	
內容介紹	套於衣服拉鍊上，幫助手部精細動作差者容易完成拉拉鍊的動作。
來　　源	慈濟醫院醫療復健輔具中心

圖 9-37　拉鍊輔助拉環

㈣衛生類

產品名稱	說　　明
輔具名稱	洗澡便器椅
適用對象	行動不便者
圖　　片	
內容介紹	方便行動不便者沐浴或是方便。
來　　源	慈濟醫院醫療復健輔具中心

圖 9-38　洗澡便器椅

產品名稱	說　明
輔具名稱	男、女小便器
適用對象	行動不便者
圖　片	
內容介紹	方便行動不便者使用。
來　源	慈濟醫院醫療復健輔具中心

圖 9-39　男、女小便器

產品名稱	說　明
輔具名稱	拾取器
適用對象	脊髓損傷患者
圖　片	
內容介紹	協助無法進行彎腰等動作之脊損患者拾取物品。
來　源	慈濟醫院醫療復健輔具中心

圖 9-40　拾取器

產品名稱	說　明
輔具名稱	指甲剪
適用對象	脊髓損傷患者
圖　片	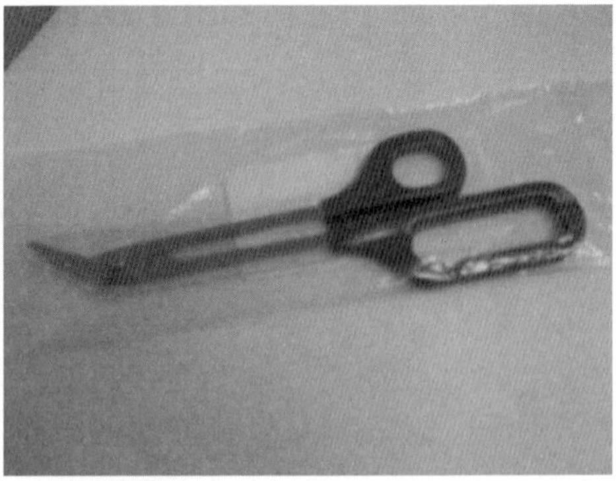
內容介紹	協助無法做出過大肢體動作之脊損患者，自行修剪腳趾甲。
來　源	慈濟醫院醫療復健輔具中心

圖 9-41　指甲剪

產品名稱	說　明
輔具名稱	附底盤指甲剪
適用對象	手部功能不全者
圖　片	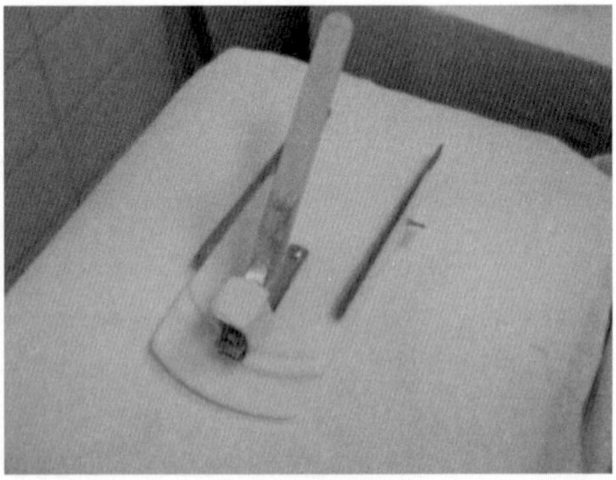
內容介紹	協助手部精細動作差者或手部移動困難者，自行完成剪指甲的動作。
來　源	慈濟醫院醫療復健輔具中心

圖 9-42　附底盤指甲剪

產品名稱	說　明
輔具名稱	長柄梳
適用對象	手部功能不全者
圖　片	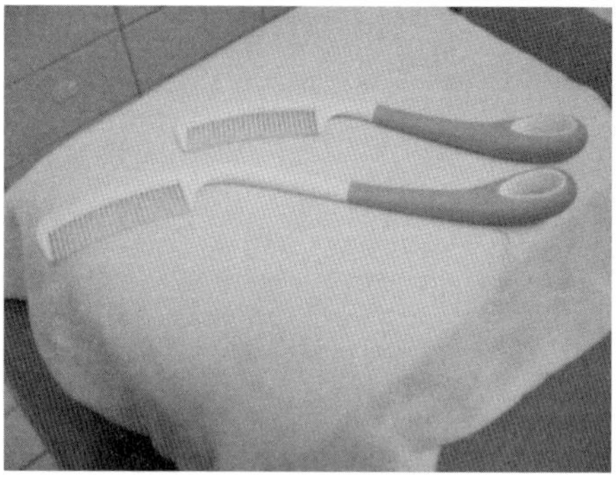
內容介紹	協助手部關節活動度不佳者，自行梳理頭髮。
來　源	慈濟醫院醫療復健輔具中心

圖 9-43　長柄梳

產品名稱	說　明
輔具名稱	彈力式剪刀
適用對象	手部功能不全者
圖　片	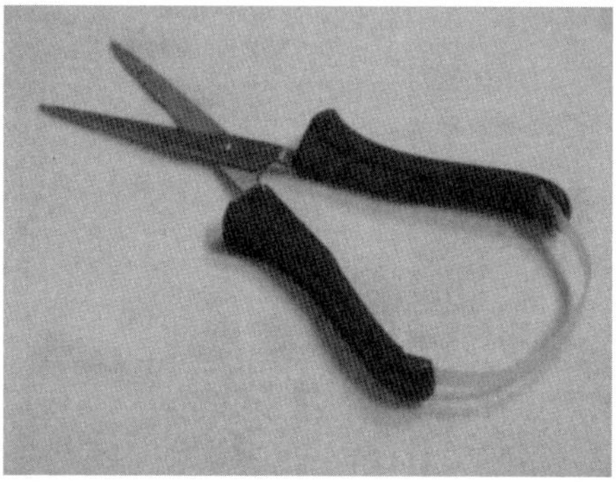
內容介紹	肌力不足、手部無法有效張開者，用力握即可剪東西，放鬆後，彈力會將剪刀鬆開。
來　源	慈濟醫院醫療復健輔具中心

圖 9-44　彈力式剪刀

產品名稱	說　　明
輔具名稱	蓮蓬頭
適用對象	行動不便患者
圖　　片	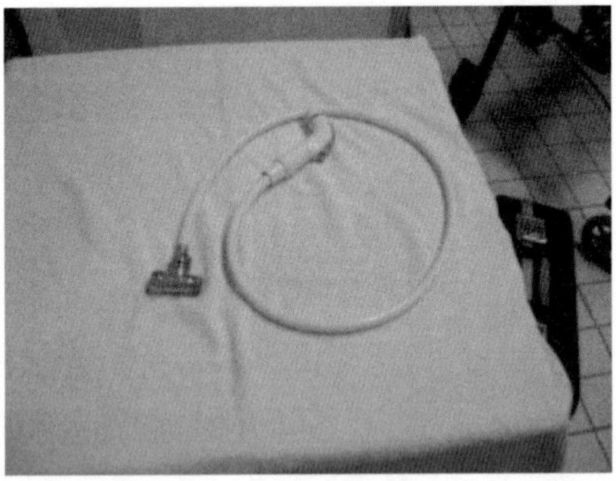
內容介紹	協助行動不便患者沖洗身體、洗滌物品等。
來　　源	慈濟醫院醫療復健輔具中心

圖 9-45　蓮蓬頭

產品名稱	說　　明
輔具名稱	長柄刷
適用對象	手部功能不全者
圖　　片	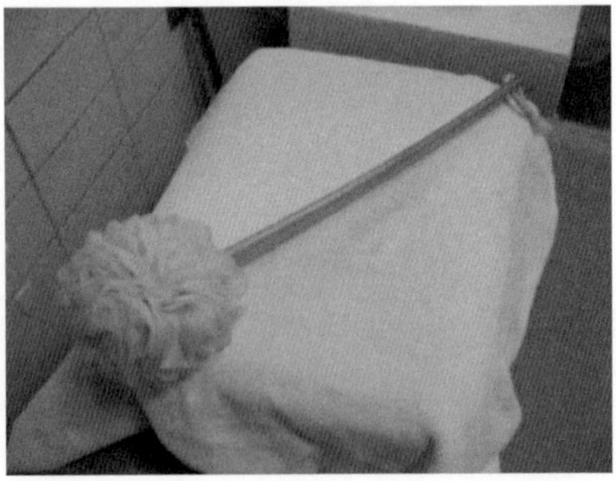
內容介紹	協助手部關節活動度不佳的患者，自行刷洗身體。
來　　源	慈濟醫院醫療復健輔具中心

圖 9-46　長柄刷

產品名稱	說　明
輔具名稱	沐浴手套
適用對象	手部功能不全者
圖　片	
內容介紹	手部抓握能力差者可將手掌套入手套，方便刷洗身體。
來　源	慈濟醫院醫療復健輔具中心

圖 9-47　沐浴手套

產品名稱	說　明
輔具名稱	可替換式長柄海綿刷
適用對象	手部功能不全或脊髓損傷患者
圖　片	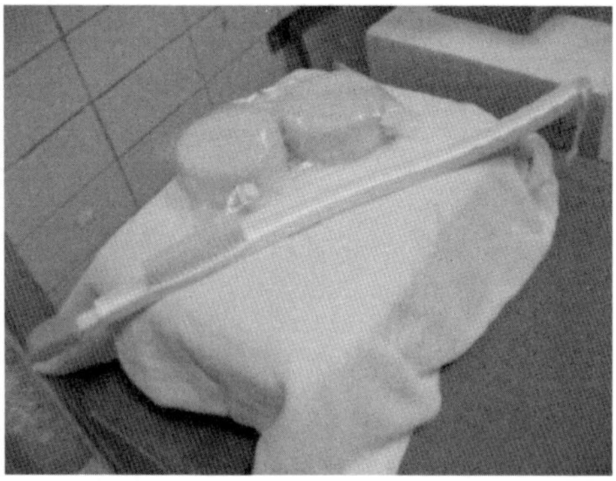
內容介紹	方便手部關節活動度不佳者或脊損患者刷洗身體。
來　源	慈濟醫院醫療復健輔具中心

圖 9-48　可替換式長柄海綿刷

產品名稱	說　明
輔具名稱	牙膏開瓶器
適用對象	手部功能不全者
圖　片	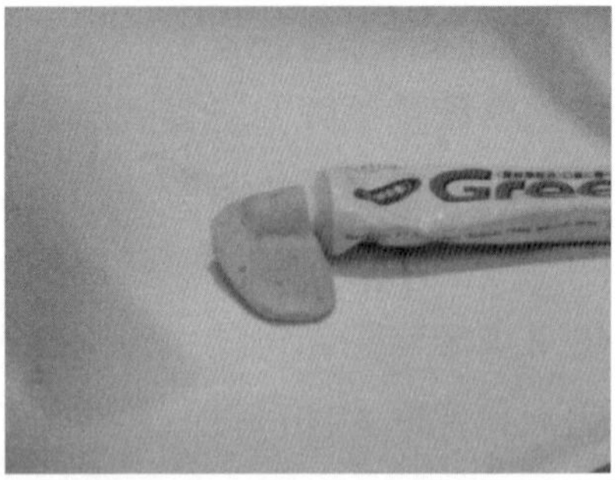
內容介紹	利用副木塑材自製，協助手部精細動作差者開啟牙膏瓶蓋。
來　源	慈濟醫院醫療復健輔具中心

圖 9-49　牙膏開瓶器

㈤其他

產品名稱	說　明
輔具名稱	轉位帶
適用對象	下肢行動不便者
圖　片	
內容介紹	方便下肢行動不便者手持轉位帶移動下肢。
來　源	慈濟醫院醫療復健輔具中心

圖 9-50　轉位帶

產品名稱	說　明
輔具名稱	轉位板
適用對象	下肢功能不全者
圖　片	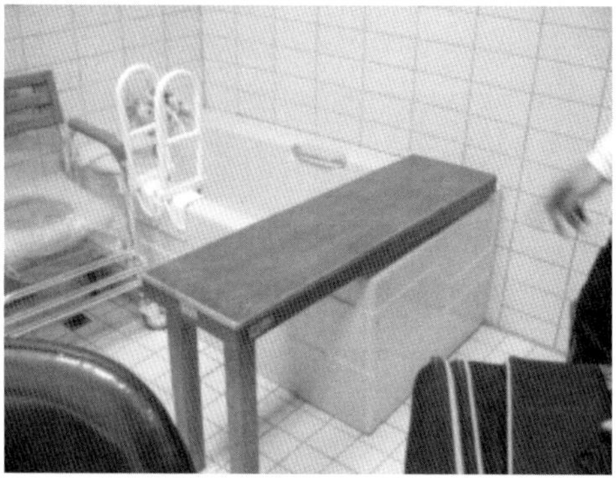
內容介紹	輔助下半身行動困難者自行轉位或旁人協助轉位。
來　源	慈濟醫院醫療復健輔具中心

圖 9-51　轉位板

參考書目

王文科編譯（民 73）。特殊兒童獨立技能訓練叢書㈢。彰化縣：國立台灣教育學院特殊教育學系。

王天苗（民 79）。智障學生的生活教育。特教園丁，5(3)，15-20。

王明雯等（民 91）。特教科技的評估與選用。台北市：五南圖書出版公司。

毛連塭（民 88）。特殊兒童教學法。台北市：心理出版社。

台灣省立台南啟智學校編著（民 80）。教學行為目標資料庫㈠。屏東縣：屏東基督教勝利之家。

台灣省立台南啟智學校編著（民 80）。教學行為目標資料庫㈡。屏東縣：屏東基督教勝利之家。

何華國（民 71）。智能不足者國民職業教育。高雄市：復文圖書出版公司。

何華國編譯（民 73）。特殊兒童獨立技能訓練叢書㈣。彰化縣：國立台灣教育學院特殊教育學系。

何華國（民 88）。特殊兒童心理與教育。台北市：五南圖書出版公司。

李瑩香（民 79）。國中輕度智能不足學生個人－社會技能學習效果及其相關因素之研究。國立彰化師範大學特殊教育研究所碩士論文，未出版，彰化市。

林竹芳（民 78）。國中輕度智能不足個人－社會技能學習效果之研究。國立彰化師範大學特殊教育研究碩士論文，未出版，彰化市。

林坤燦（民 84）。職業技能訓練方案對於增進中重度智能障礙者工作成效之影響。國立台灣師範大學教育研究所博士論文，未出版，台北市。

林寶貴、吳純純、許澤銘、張勝成編譯（民 78）。身心發展遲緩兒童進階學習教材教法。高雄市：復文圖書出版公司。

省立台南師範學院特殊教育系（民 79）。中重度啟智班生活教育教學活動設計。台南市：台南師範學院特殊教育系。
洪清一（民 86）。特殊教育課程與教材手冊。花蓮市：國立花蓮教育大學特殊教育中心。
洪清一（民 91）。智能障礙學童生活自理技能教導策略之研究。東台灣特殊教育學報，*4*，29-52。
洪清一（民 93）。智能障礙者生活教育課程模式之探討。刊載於國立花蓮師範學院特殊教育系主編，國立花蓮師範學院身心障礙與輔助科技研究師生學術研討會論文集。
孫淑柔、王天苗（民 89）。國民教育階段身心障礙學生學習成果評鑑之研究。特殊教育研究學刊，*19*，215-234。
許天威（民 83）。行為改變之理論與應用。高雄市：復文圖書出版公司。
教育部（民 77）。啟智學校（班）課程綱要。台北市：教育部社會教育司。
教育部（民 84）。國民教育階段啟智學校（班）課程綱要修訂之研究。台北市：教育部社會教育司。
教育部（民 86）。國民教育階段啟智學校（班）課程綱要。台北市：教育部。
陳姿蓉（民 88）。逐漸褪除提示系統教學策略對促進智能障礙幼兒社交技能學習成效之研究。國立彰化師範大學特殊教育研究所碩士論文，未出版，彰化市。
郭為藩（民 91）。特殊兒童心理與教育。台北市：文景書局。
陳榮華（民 82）。智能不足研究。台北市：師大書苑。
陳榮華（民 87）。行為改技術。台北市：五南圖書出版公司。
陳靜江（民 85）。社區本位課程之發展與運作模式。蒐入省立嘉義啟智學校主編，特殊教育研習專集（頁 23-39）。嘉義市：省立嘉義啟智學校。
許澤銘、柯平順、蔡錦德（民 76）。智能不足兒童的保育與生活訓練。台北市：台北市立師範學院特殊教育中心。
鈕文英（民 91）。啟智教育課程與教學設計。高雄市：國立高雄師範大學特殊教育中心印行。
黃金源（民 82）。社區本位之課程簡介。蒐入省立嘉義啟智學校主編，特殊教育研習專集（頁 85-91）。嘉義市：省立嘉義啟智學校。

萬明美編譯（民 73）。特殊兒童獨立技能訓練叢書㈤。彰化縣：國立台灣教育學院特殊教育學系。

楊鴻澤（民 80）。智能兒保育入門。台北市：大展出版社。

蔡阿鶴（民 77）。我如何幫助我的孩子發揮盡致。載於中華民國特殊教育學會主編，智能不足教育與輔導。台北市：心理出版社。

蔡阿鶴（民 79）。智能不足兒童的生活訓練。嘉義師範學院學報，*4*，70-111。

蔡阿鶴（民 79）。智能不足童不良適應行為的探討。特教園丁，*4*(5)，1-7。

雙溪啟智文教基金會（民 74）。智能不足兒童如廁訓練。台北市：雙溪啟智文教基金會。

Baker, B. L., & Brightman, A. J. (2004). *Steps to independence*. Baltimore: Paul H. Brookes Publishing Co.

Bandura, A. (1969). *Principles of behavior modification*. New York: Holt, Rinehart and Winston, Inc.

Bandura, A. (1986). *Social foundations of thought and action: A social-cognitive theory*. Englewood Cliffs, NJ: Prentice-Hall.

Berk, L. B., & Friman, P. C. (1990). Epidemiologic aspects of toilet training. *Clinical Pediatrics, 29*, 278-283.

Bigge, J. L., & Stump, C. S. (1999). *Curriculum, assessment and instruction.* New York: Wadsworth Publish Company.

Brolin, D. E. (1983). Career education: Where do me go from here? *Career development for exceptional individuals, 6,* 3-14.

Brolin, D. E. (1987a). Career education: Acontinuing high priority for educating exceptional students. *Journal of Career Development, 13* (3), 50-56.

Brolin, D. E. (1989). *Life centered career education: Acompetence bassed approach* (3rd ed). Reston, VA: The Council for Exceptioanal Children.

Brolin, D. E., & Gysbers, N. C. (1979). Career education for person with handicaps. *The Personnal and Guidance Journal*, 258-262.

Brolin, D. E., & Kokaska, C. J. (1979). *Career education for handicapped children and youth.* Columbus, OH: Charles E. Merrill.

Brolin, D. E., & Kokaska, C. J. (1985). *Career education for handicapped individuals*(2nd). Columbus, Ohio: A Bell & Howell Company.

Chasteen, T., Gregory, M., Martin, M., Maze, V., & Whistance, K. (1987). *Life-centered career education transition plane: Developed for the exceptional pupils cooperative of the OZAPKS junior high schools* (working paper no.5). Washington, D.C.

Cipani, E. C., & Spooner, F. (1994). *Curriculum and instructional-Approaches for persons with severe disabilities.* New York: Allyn and Bacon.

Clark, G. M. (1979). *Career Education for the Handicapped Child in the Elementary Classroom.* Denver: Love Publish.

Detiz, S. M., & Malone, L. W. (1985). Stimulus control terminology. *The Behavior Analyst, 8,* 259-264.

Evans, W. H., Evans, S. S., & Schmid, R. E. (1989). *Behavior and instruction management: An ecological approach.* Needham Heigfts, MA: Allyn and Bacon.

Falvey, M. A. (1989). *Community-based curriculum. Instructional stratigies for students with severe handicaps* (2nd ed). Baltimore: Paul H. Brooks Publishing Co.

Ford, A., Schnoor, R., Meyer, L., Davrn, L., Black, J., & Dempsey, P. (1989). *The syracuse community-referenced curriculum guide.* Baltimore, Maryland: Paul H. Brookes Publishing Co.

Gargiulo, R. M., & Kilgo, J. L. (2000). *Young children with special neeeds: An introduction to early childhood special education.* New York: Delmar Publishers.

Hadler, S. C., & McFarland, L. (1986). Hepatitis in day care center: Epidemiology and prevent. *Review of infections Disease, 8,* 548-557.

Hallahan, D. P., & Kauffman, J. A. (1988). *Exceptional children.* New York: Prentice-Hall International Editions.

Haring, N. G., Liberty, A. K., & White, O. R. (1980). Rules for data-based decisions in instructional programs: Current research and instructional implications. In W. Sailor, B. Wilcox, & L. Brown (Eds.). *Methods of instruction for severely handicapped students* (pp. 159-192). Baltimore: Paul H. Brookes Publishing Co.

Huang, W., & Cuvo, A. J. (1997). Social skills training for adult with mental retardation in job-related settings. *Behavior Modification, 21,* 3-44.

Kirk, S. M., Gallagher, J. J., & Anastasiow, N. J. (1997). *Educating exceptional children.* New York: Houghton Mifflin Company.

Kirk, S. M., Gallagher, J. J., & Anastasiow, N. J. (2000). *Educating exceptional children.* New York: Houghton Mifflin Company.

Larkin, K. T., & Zayfert, C. (1996). Anger management ttraining with essential hypertensive patients. In V. B. Van Hasselt & M. Hersen (Eds.), *Sourcebook of psychological treatment manuals for adult disorders* (pp.689-716). New York: Plenum.

Larson, C. (1981). *EBCE state of Iowa dissemination model for MD and LD students, Fort Dodge*: Iowa Central Community College.

Martin, G., & Pear, J. (1999). *Behavior modification-What it is and how to do it.* New York: Prentice Hall.

Miltenberger, R. G. (1997). *Behavior modification-Principles and procedures*. New York: Brooks/Cole Publishing Company.

Olson, D. A., & DeRuyter, F. (2002). *Assistive technology.* New York: Aharcout Health Sciences Company.

Patton, J. R., Mary, M., & Payne, J. S. (1990). *Mental retardation.* New York: Merrill Publishing Company.

Pickering , L. K., Barlett, A. V., & Woodward, W. E. (1986). Acute infections diarrhea among children in day care: Epidemiology and control. *Review of Infec-*

tions Disease, 8, 539-547.

Schroeder, H. E., & Black, M. J. (1985). Unassertiveness. In M. Hersen & A. S. Bellack(Eds), *Handbook of clinical behavior therapy with adult* (pp.509-530). New York: Plenum.

Stokes, T. F., & Baers, D. M. (1977). An implicit technology of generalization. *Journal of Applied Behavior Analysis, 10,* 349-367.

Strain, P., McConnel, S., Carta, J., Fowler, S., Neisworth, J., & Wolery, M. (1992). Behaviorism in early intervention. *Topic in Early Childhood Special Edcation, 12* (1), 121-41.

Wehman, P. (1996). *Life beyoung the classroom: Transition stratifies for young people with disabilities* (2nd ed). Baltimore: Paul H. Brooks Publishing Co.

Wilcox, B., & Bellamy, G. T. (1987). *A comprehensice guide to the activities catalog: An alternative curriculum for youth and adults with severe disabilities.* Baltimore: Paul H. Brookes Pulishing Co.

Wilson, R. I., O`Leary, K. D. (1980). *Principles of behavior therapy.* New Jersey: Prentice -Hall Inc.

附錄一 生活教育——單元活動設計

設計者姓名：薛春華

單元名稱	喝喝水	教材來源	自編
教學日期	年 月 日	教學時間	共 40 分鐘，分為一節
教學班級	國小 年 班	教學者	薛春華
單 元 目 標			
一、能依指示做出動作 1-1 能對指示有所反應動作 1-2 能依指示正確指出物品 1-3 能依指示正確做出動作			
教學研究（包含教材分析、學生經驗分析、教學重點、注意事項等，依單元性質敘述。）			

學 生 概 況

姓名	性別	年齡	障礙程度	障礙類別	備 註
王×宏	男	11	中重度	智能不足	瘦弱、矮小、活動力強、講話口齒不清、不喜歡參與同學的活動
陳×珊	女	9	中度	智能不足	學習態度良好、做事很勤快、會仿寫、抄襲簡單的字、但不知意思、依賴心很重、很愛哭
林×評	男	10	中度	腦性麻痺	個性溫和、言語表達清楚、下肢萎縮、右手無力
張×梅	女	13	重度	蒙古症	矮胖、喜歡當老師的小跟班、寫出來的字讓人看不懂、座位旁時常紙屑滿地

一、教材分析

(一)本單元學生學會自己拿穩杯子喝水，並且不讓水由口中溢出，將杯子放回原處。

(二)依據學生個別差異，教導學生喝水的過程。

二、學生經驗分析

(一)陳×珊：會自己倒水喝，常倒得很大杯，喝幾口會倒掉（隨便潑）。

(二)林×坤：會自己倒水喝，但一旦有人在水壺前擋住他，他會大哭、大叫，喝完水也會將杯子放回。

(三)王×宏、張×梅：倒水時會搖晃，倒到杯外，杯子亂放。

(四)林×評：會將杯子放在桌上，雙手握壺倒水，常倒出杯外且每次都倒得很大杯。

林×坤	男	11	中重度	自閉	喜歡看電視、會唱歌、會仿說、卻無法與人做適當的溝通、稍不順心便會大哭大叫	三、教學重點 會準確倒水，喝完水，並且將杯子放回原處。

目標號碼	行為目標（具體、可觀察、可測量）	教學活動（教學方法與過程最好含有引起興趣和整理活動）	教學資源	時間分配	效果評量（評量方法與標準）	備註（學生反應或教學時變更活動）
		一、準備活動 (一)水壺、水杯、茶盤（放水壺、杯子） (二)布偶數個 (三)玩具水壺及水杯、杯盤 二、發展活動				
1-1	能安靜看老師表演布偶口渴喝水	(一)引起動機 1. 取出布偶，表演喝水時灑得滿地，相互間的對話：「小英，你倒水倒那麼大杯，都滿出來了」「你還不是一樣？」「我有喝哪！」「你看，小英都沒有喝，就倒掉了」「還倒在小明的衣服上，小明在哭了！」等……	布偶（個數）	5'	注意孩子看布偶劇的專心度	表現良好者，給予口頭讚美鼓勵
1-2	能說一說自己口渴的感覺	2. 老師說完布偶劇，走去倒杯水，並且說出：「演完了，老師好渴，喝一杯水吧！」	杯子水壺	5'	從表達口渴的感覺評量	

1-3	會排隊取杯	㈡說說、做做之指導 1. 當孩子們說完口渴的感覺時，提醒他們：「說得很好，口渴了吧！來，大家來喝喝水吧！」			從取杯行為中評量	
1-4	孩子會倒水	2. 先讓林×坤倒水，（老師在旁指導，倒半杯水）並稱讚他，並叫其他孩子看他怎麼喝？（並再指導他，將杯子放回杯盤中）			從倒水動作中評量	
2-1 3-1	用手持杯慢慢喝水 並且喝完	3. 指導其他孩子跟著做（當每個孩子在倒水、喝水時，要提醒他們喝完杯中的水）			從持杯喝水動作中評量	
4-1	會將杯子放回杯盤中	4. 指導孩子喝完水，將水杯放回杯盤中，且只要一放對位置，便加以稱讚			從持杯放回杯盤中之動作來評量	
		三、綜合活動				
4-2	會說出布偶倒水前的情況和改進後的情況	㈠取出布偶表演喝水壞習慣改過之後的對話：「小華，你好厲害啊！會自己倒水」「是啊！你看我沒有滿出來喔！」「小英也會倒水了耶！」「有沒有喝光！」「有啊！杯子還會放回原處！」		5'		
4-3	會把整個喝水過程說一說	㈡和學生一起討論：自己倒水、喝水的過程		5'		

設計者姓名：梁素惠

<table>
<tr><td>單元名稱</td><td colspan="5">會洗手、刷牙的好寶寶</td><td>教材來源</td><td>自編</td></tr>
<tr><td>教學日期</td><td colspan="5">年　月　日</td><td>教學時間</td><td>共200分鐘，分為五節</td></tr>
<tr><td>教學班級</td><td colspan="5">國小　年　班</td><td>教學者</td><td>梁素惠</td></tr>
<tr><td colspan="8">單　元　目　標</td></tr>
<tr><td colspan="6">一、能在吃東西前洗手
二、能在吃東西後刷牙、漱口</td><td colspan="2"></td></tr>
<tr><td colspan="8">教學研究（包含教材分析、學生經驗分析、教學重點、注意事項，依單元性質敘述。）</td></tr>
<tr><td colspan="6">學　生　概　況</td><td colspan="2" rowspan="7">一、教材分析
本單元是讓學生瞭解基本的飲食衛生習慣。內容包括洗手、刷牙、漱口。主要在讓學生養成吃東西前洗手，吃完東西後刷牙、漱口的衛生習慣。
二、學生經驗分析
飲食衛生習慣以陳×珊、林×坤較好，張×梅、王×宏飯後常飯粒滿桌，也不懂得整理。
三、讓學生從遊戲和角色扮演中，快樂的培養洗手、漱口、刷牙的習慣。</td></tr>
<tr><td>姓名</td><td>性別</td><td>年齡</td><td>障礙程度</td><td>障礙類別</td><td>備　註</td></tr>
<tr><td>王×宏</td><td>男</td><td>11</td><td>中重度</td><td>智能不足</td><td>瘦弱、矮小、活動力強、講話口齒不清、不喜歡參與同學的活動</td></tr>
<tr><td>陳×珊</td><td>女</td><td>9</td><td>中度</td><td>智能不足</td><td>學習態度良好、做事很勤快、會仿寫、抄襲簡單的字、但不知意思、依賴心很重、很愛哭</td></tr>
<tr><td>林×評</td><td>男</td><td>10</td><td>中度</td><td>腦性麻痺</td><td>個性溫和、言語表達清楚、下肢萎縮、右手無力</td></tr>
<tr><td>張×梅</td><td>女</td><td>13</td><td>重度</td><td>蒙古症</td><td>矮胖、喜歡當老師的小跟班、寫出來的字讓人看不懂、座位旁時常紙屑滿地</td></tr>
<tr><td>林×坤</td><td>男</td><td>11</td><td>中重度</td><td>自閉</td><td>喜歡看電視、會唱歌、會仿說、卻無法與人做適當的溝通、稍不順心會大哭大叫</td></tr>
</table>

目標號碼	行為目標（具體、可觀察、可測量）	教學活動（教學方法與過程最好含有引起興趣和整理活動）	教學資源	時間分配	效果評量（評量方法與標準）	備註（學生反應或教學時變更活動）
		一、準備活動 (一)圖片、影片、肥皂、毛巾 (二)大嘴巴的布偶、牙刷、牙膏、杯子 二、發展活動				
1-1	能說出為什麼要洗手	(一)引起動機 1. 展示圖片（或影片）讓學生參與討論吃東西前要洗手的衛生習慣 2. 師生共同討論 3. 結論 (1)手髒了的時候要洗手 (2)把手洗乾淨了，吃東西才不會生病	圖片、影片、肥皂、毛巾		是否參與討論	
1-2	能使用水洗手	(二)要怎麼洗手才會乾淨 教師示範 1. 將手淋溼→抹上肥皂→用力互搓兩手之全部，包括（手心、手背、指尖）→將肥皂沖洗乾淨→用毛巾擦乾 2. 教師個別輔導，並糾正其動作		80'	能正確洗手	第一、二節
1-3	吃東西前洗手	(三)洗手後才能吃東西 教師講述（三隻小豬中的角色，讓學生從角色扮演中，培養吃東西前要洗手的習慣）			口述評量 從活動中作評量	

		三、吃完東西會刷牙、漱口				
2-1	能拿起牙刷刷牙	(一)看圖聽故事 1. 教師利用布偶來搭配圖片呈現，並口述故事內容 2. 教兒童跟著布偶的動作，拿牙刷做出刷牙的動作	圖片、影片、大嘴巴的布偶		口述評量 操作評量	
2-2	能使用牙膏	(二)使用牙膏 1. 教兒童分辨牙膏 2. 指導兒重擠出適當的份量在牙刷上，並個別輔導糾正 3. 指導兒童把牙膏放回原來的位置	牙刷、牙膏、杯子	120'		第三節至第五節
2-3	能使用杯子漱口	(三)使用杯子漱口 1. 讓兒童觀看影片（內有漱口動作） 2. 師生共同討論 3. 結論 (1)漱口就是把水放入嘴巴並吐出 (2)漱口動作至少要重複二次才會乾淨				
2-4	吃東西後，能刷牙、漱口	(四)由教師示範吃完東西刷牙、漱口的動作，並讓學生實際操作，直到熟悉				

附錄二　生活訓練活動設計

單元名稱：脫衣		障礙程度：重度
目標分析	單元目標	行為目標
	1.會脫有拉鍊的衣服 2.會脫有鈕扣的衣服 3.會脫套頭的衣服	1-1 能脫掉拉鍊在前的衣服 1-2 能脫掉拉鍊在後的衣服 2-1 能脫掉有鈕扣的衣服 3-1 能脫掉套頭的衣服
教學資源：衣服學生自備：有拉鍊的衣服、有鈕扣的衣服、套頭的衣服。		

建議活動

一、準備活動

㈠學生帶自己的衣服來學校（有拉鍊的、有鈕扣的及套頭的衣服）。

㈡先看如何脫衣的幻燈片，讓學生注意每一個步驟要領。

二、發展活動

㈠指導脫掉拉鍊在前面的衣服

1. 以一手拉下拉鍊至底。
2. 兩手拉住已打開的衣襟。
3. 往上提至頭部上方。
4. 雙手移至腦後，抓住後面衣擺，往前拉讓頭伸出來。
5. 褪下兩袖子。

㈡脫拉鍊在後的衣服

1. 雙手伸出至頸後，打開鈕扣或鉤子。
2. 抓到拉鍊的頭。
3. 一手拉住後衣領，一手將拉鍊儘量拉下。
4. 雙手抓住衣領，上提至頭部上方。
5. 雙手伸到腦後，抓住衣擺，向前拉至露出頭部。
6. 褪下兩袖子。
7. 如為洋裝，則自頸後拉下拉鍊後，還要自腋下雙手伸到身後，將拉鍊拉到底，然後先伸出袖子，衣服則往下褪下。

㈢脫鈕扣在前的衣服

1.解鈕扣

⑴一手以食指和拇指捏住半邊鈕扣，另一手以拇指抵在扣洞背面。

⑵捏住鈕扣的手，將鈕扣退出扣洞。

2.拉住已打開的衣襟，往肩後褪下衣服。

3.褪下兩袖子，如為長袖，則應自袖口拉下袖子，才方便整理衣服。

㈣脫套頭的衣服

1.以兩手抓住衣領兩側，向上拉至頭頂。

2.雙手移至頸後，抓住衣擺向前拉至露出頭。

3.褪下兩袖子。

三、綜合活動

㈠老師指導學生如何將脫下的衣服整理好並掛好。

㈡老師指導學生使脫下的衣服容易整理的要領，並應養成好習慣，例如：褪衣袖時，皆自袖口拉出衣袖等等。

㈢學生學會脫衣後，再慢慢要求速度，可以遊戲方式，略帶競爭的方式進行。

例如：1.協助學生先穿套頭衣服，再穿扣鈕扣的衣服，最後穿上拉拉鍊的衣服。

2.比賽開始後，學生要連脫這三件衣服。

3.比賽誰先做好，如能力許可，進一步要求還要整理好、掛好。

教學注意事項

學生具備自己脫衣的技巧時，就應自己完成脫衣的活動。

評量方式

依行為目標評量，並請家長在家做記錄。

<table>
<tr><td colspan="2">單元名稱：脫褲子、脫裙子</td><td>障礙程度：重度</td></tr>
<tr><td rowspan="2">目標分析</td><td>單元目標</td><td>行為目標</td></tr>
<tr><td>1. 會脫褲子
2. 會脫裙子</td><td>1-1 能自己脫有鬆緊帶的褲子
1-2 能自己脫有褲腰的褲子
2-1 能自己脫有鬆緊帶的裙子
2-2 能自己脫有裙腰的裙子</td></tr>
<tr><td colspan="3">教學資源：1. 褲子（學生自備，女生亦然）；2. 裙子（學生自備）。</td></tr>
<tr><td colspan="3">建議活動
一、準備活動
㈠學生帶自己的褲子、裙子到學校（女生也要練習穿、脫褲子）。
㈡學生先看幻燈片中的示範（如何脫褲子和裙子）。
㈢學習脫褲子和裙子的基本能力：解扣子、裙鉤和拉拉鍊、解腰帶。
二、發展活動
㈠脫有鬆緊帶的褲子和裙子
1. 雙手大拇指伸進腰兩側的褲頭（或裙頭）中，雙手抓緊。
2. 往下拉褲子（或裙子）至臀部下方，坐在床邊或椅子上。
3. 舉起一腳將褲子（或裙子）褪下，再舉另一隻腳褪下。
㈡脫有褲腰（或裙腰）的褲子（或裙子）
1. 解開腰帶、解開褲子前面的鈕扣（或裙子的裙鉤）。
2. 拉下拉鍊。
3. 兩手分別抓住腰兩側的褲頭（或裙頭）。
4. 拉下至臀部，坐在床邊或椅子上。
5. 褪下褲子或裙子。
三、綜合活動
㈠學生練習脫各種款式的褲子（或裙子）。
㈡老師指導如何將脫下的褲子和裙子翻回正面、拉平、掛好。</td></tr>
<tr><td colspan="3">教學注意事項
即使學生平時都穿鬆緊帶的褲子或裙子，也應該嘗試穿、脫有褲腰（裙腰）的褲子（或裙子）。</td></tr>
<tr><td colspan="3">評量方式
依行為目標評量。</td></tr>
</table>

<table>
<tr><td colspan="2">單元名稱：穿鞋子</td><td>障礙程度：重度</td></tr>
<tr><td rowspan="2">目標分析</td><td>單元目標</td><td>行為目標</td></tr>
<tr><td>1. 會穿鞋子
2. 會擦鞋子</td><td>1-1 能自己穿拖鞋
1-2 能自己穿便鞋
1-3 能自己穿球鞋
2-2 能拿布把鞋擦乾淨</td></tr>
<tr><td colspan="3">教學資源：1. 拖鞋、便鞋及球鞋學生自備；2. 抹布；3. 厚紙、色筆；4. 貼紙。</td></tr>
<tr><td colspan="3">建議活動
一、準備活動
(一)讓學生看拍攝「穿鞋子」過程的幻燈片或影片（或由老師示範穿鞋的步驟，動作需簡明、確實，老師自己要先演練），讓學生注意整個穿鞋過程的分解動作。
(二)由老師再加以說明每個步驟的要領。
(三)學生帶來自己的鞋子（拖鞋、便鞋、球鞋等）。
二、發展活動
(一)穿鞋的基本要領——分辨左右腳
1. 左右腳的鞋隨意放置，但在右腳的腳背上和右腳的鞋子上各貼一張貼紙。
2. 訓練時要求學生將貼有貼紙的鞋和腳配對穿。
3. 學生能正確的做之後，撕掉右腳的貼紙，讓學生能正確的將有貼紙的鞋穿進右腳。
4. 將鞋底在紙上先畫鞋型，並以鮮明的顏色描清楚。
5. 訓練時不再貼貼紙，讓學生先將鞋子鞋型對齊放好，並要學生注意，左右腳的鞋型有何不同。
6. 撤除提示，要求學生在學會穿鞋子前，皆先將左右腳的鞋子擺在腳前放正。
(二)練習穿拖鞋（無左右腳之分的及有左右腳之分的）。
(三)訓練自己穿便鞋（可以倒退聯結的方式教學）
1. 先教學分辨左右腳的技巧，如無法學會，則暫時停留在做記號的階段。
2. 讓學生坐下，以方便穿鞋，將鞋子在腳前擺正。
3. 脫掉腳上的拖鞋。
4. 套入一腳（左腳套在左邊鞋子，右腳套在右邊鞋子）。
5. 同側的手拿鞋拔，拇指按在鞋拔凹面。
6. 鞋拔前端抵住腳後跟，一同進入鞋子。
7. 抽掉鞋拔。</td></tr>
</table>

8.同法穿另一隻鞋。

㈣訓練自己穿球鞋的步驟（可以倒退聯結的方式教學）

1.坐下，將球鞋在腳前放正（球鞋係自黏式子母膠帶的款式）。

2.脫掉腳上的拖鞋。

3.以雙手拿起一隻鞋（大拇指在鞋的兩內側，其餘四指在外，稍微打開鞋身）。

4.把同側的腳伸進鞋子裡。

5.同側的手拉住球鞋後的凸出部分，往上提，穿上鞋子。

6.拉平鞋舌。

7.先蓋上粗糙沒有圖飾的部分，再蓋上有圖飾的部分，子母膠帶已黏合。

㈤擦拭鞋子的指導

1.一手拿鞋，拇指在鞋面，其餘四指在鞋裡捏住鞋子。

2.另一手拿微濕的抹布或乾布擦拭鞋子。

3.也要指導穿在腳上鞋子的擦拭。

三、綜合活動

做穿鞋子的分組比賽。

教學注意事項

學生學會自己穿鞋後，即應自己穿鞋，不再由別人代勞，老師與家長需注意強化此行為，多給予增強。

評量方式

依行為目標作日常的評量。

單元名稱：穿襪子		障礙程度：重度
目標分析	單元目標	行為目標
	1.會穿襪子	1-1 能自己穿襪子

教學資源：襪子（學生自備）

建議活動

一、準備活動

1.學生帶自己的襪子來學校。

2.將「穿襪子」的步驟拍攝成幻燈片，讓學生熟悉步驟。

二、發展活動

1.以倒退聯結的方式教學。

2.設計穿襪子的步驟

(1)以學生能方便穿襪子為原則，先坐好，將一雙襪子放在旁邊。

(2)拿起一隻襪子，找到腳跟部位，以腳跟朝下的方式捏住襪口。

(3)拾起一隻襪子，膝蓋提起或腳擱在微高的地方（如：小凳子上）。

(4)以雙手的大拇指伸進襪口，注意腳跟保持朝下。

(5)注意看襪子前端的縫線與一排的腳趾平行。

(6)腳趾伸進襪子底到縫線。

(7)慢慢拉上襪子。

(8)到腳跟部位時要注意看看有沒有對齊。

(9)將襪口拉至足踝上方。

(10)同樣方法穿另一隻腳。

三、綜合活動

1.練習襪子的分類。

2.襪子混合，將同樣的襪子二隻二隻找出來。

(1)二雙混合，且顏色有明顯差異（如黑色和白色襪子），做分類遊戲。

(2)混合多雙，顏色不同的襪子，做分類遊戲。

(3)混合同色，但樣式不同的襪子，做分類遊戲。

教學注意事項

學生學會此項能力，即應每天自己穿襪子，並給予適時適度的增強，以強化此行為。

評量方式

依行為目標作日常的評量。

國家圖書館出版品預行編目資料

身心障礙者教材教法——生活訓練／洪清一著. 一一初版. 一一臺北市：五南圖書出版股份有限公司, 2006[民95]
面； 公分
ISBN 978-957-11-4335-4（平裝）

1.智能不足教育—教學法

529.62　　95008054

1IQV

身心障礙者教材教法
生活訓練

作　者— 洪清一（165.2）
發 行 人— 楊榮川
總 經 理— 楊士清
總 編 輯— 楊秀麗
副總編輯— 黃文瓊
責任編輯— 陳俐君、李敏華
封面設計— 童安安
出 版 者— 五南圖書出版股份有限公司
地　址：106台北市大安區和平東路二段339號4樓
電　話：(02)2705-5066　傳　真：(02)2706-6100
網　址：https://www.wunan.com.tw
電子郵件：wunan@wunan.com.tw
劃撥帳號：01068953
戶　名：五南圖書出版股份有限公司

法律顧問　林勝安律師事務所　林勝安律師

出版日期　2006年6月初版一刷
　　　　　2022年3月初版六刷
定　價　新臺幣360元

經典永恆・名著常在

五十週年的獻禮——經典名著文庫

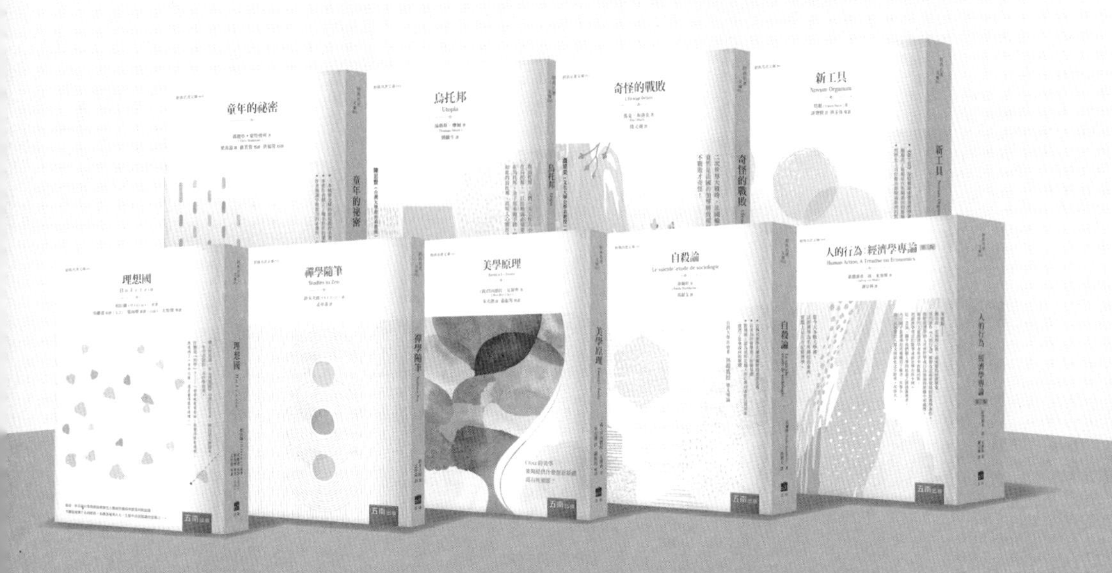

五南，五十年了，半個世紀，人生旅程的一大半，走過來了。
思索著，邁向百年的未來歷程，能為知識界、文化學術界作些什麼？
在速食文化的生態下，有什麼值得讓人雋永品味的？

歷代經典・當今名著，經過時間的洗禮，千錘百鍊，流傳至今，光芒耀人；
不僅使我們能領悟前人的智慧，同時也增深加廣我們思考的深度與視野。
我們決心投入巨資，有計畫的系統梳選，成立「經典名著文庫」，
希望收入古今中外思想性的、充滿睿智與獨見的經典、名著。
這是一項理想性的、永續性的巨大出版工程。
不在意讀者的眾寡，只考慮它的學術價值，力求完整展現先哲思想的軌跡；
為知識界開啟一片智慧之窗，營造一座百花綻放的世界文明公園，
任君遨遊、取菁吸蜜、嘉惠學子！